経営はPDCAそのものである。

監修　近藤昇
著者　ブレインワークス

まえがき

皆様、こんにちは。

本書を手にとっていただいた皆様の多くは、ＰＤＣＡという言葉をどこかで耳にされたことがあると思います。会社員としてキャリアを積まれた方であれば、ＰＤＣＡサイクルを実践した経験もお持ちでしょう。その上で、もしかしたら「今さらＰＤＣＡ？」と思いながら、気になってページを開いてくださったのかもしれません。

確かにＰＤＣＡという言葉は、先の通り多くの方に認知されています。しかしながら、企業において定着するには至っていないというのが、著者である株式会社ブレインワークス（以下、当社）のスタンスであり、感じているところです。本書ではこの原因や実態、事例について解説し、企業経営者から社員まで、一人でも多くの方に読んでいただきながら、考える一助となれば幸いです。

さて、当社は日本国内のみならず、東南アジアやアフリカ地域でも各種ビジネスを展開してきたグローバル企業です。なかでもベトナムでは、20年以上前から現地企業に対して、社員教育に役立つサービスを提供してまいりました。２００７年にはＩＴエンジニアを育成するスクールをホーチミン市に設立しましたが、これも当社が日本の企業を支援してきたノウハウを提供することで、同国の発展に寄与したいとの考えからでした。

あくまで体感ですが、ベトナムにおけるビジネススキルや仕組みは、日本と20〜30年ほどのギャップがあるといえます。日本でいう「高度経済成長期」の前夜くらいの頃合いでしょうか。ただ、日本がビジネスにおいて先行している、経済を発展させてきた経験があるといっても、日本と同一の社員教育サービスが通用する訳ではありません。「郷に入っては郷に従え」とのことわざ通り、その国の文化や商習慣、思考に沿ったサービスを提供しなければ、十分に機能しないのです。そのため当社は、今日まで数多くの実践を重ね、失敗をする中でノウハウを洗練してまいりました。

思い返せば、ベトナムで社員教育サービスを提案し始めた当初は、企業側はおろか、通訳さえも理解していない状況からのスタートでした。やがて熱意が通じ、社員教育サービスを利用する企業も現れました。しかしながら、そうしたベトナム企業でも、ギャップを埋めつつ社員教育を進めることは、容易ではありません。試行錯誤を重ね、継続的に取り組みながら、少しずつベトナム企業に対応した社員教育サービスを形成してきたといえます。その後、当社では蓄積したノウハウを現地の言語で教育用テキストとして編纂。『ヒューマンブランドシリーズ』として、ベトナム企業にもご採用いただきました。同シリーズには、本書の主題であるＰＤＣＡも含まれており、評価する声も頂戴しました。

２０１６年には、ベトナムでの経験を活かしアフリカ・ルワンダに進出しました。教育サービスの立ち上げの準備をしています。そしてこれが契機となって、当社は近隣国であるケニアで、ＪＩＣＡの建設・建築業界の人材育成プロジェクトに参画することもできました。ベトナムでの展開から数えると十数年がかりではあったものの、当社はＰＤＣＡを社員教育の一つとして体系化することができたと自負しています。

日本企業は、高度経済成長期を経て「品質と納期管理は世界一」と賞賛されるようになりました。しかし、これにあぐらをかいてしまえば、かつて日本が欧米を追い抜いたように、日本もまた新興国に追い抜かれることでしょう。付言すると最適な手法は時代とともに変化するものでありながら、日本は変化に弱く、変革が進まない国です。かつての世界一というポジションは過去の栄光として理解し、むしろ活気溢れる新興国に学び、共存していくことに活路を見いだしていくべきでしょう。

また、当社は新興国の企業支援を通して、日本のシニア世代の経験値やノウハウが役に立つことを実感しています。だからこそ、シニア世代の活躍の場を新興国に広げるお手伝いにも取り組んでまいりました。根底にあるものは、ＰＤＣＡに立脚した業務スキルや広範な分野で世界一を成し遂げてきたビジネスの仕組みを経験しているということ。特に改善や品質管理の仕組みづくりは日本のお家芸ともいえます。公害や環境汚染が各地で発生し、製造する物品の品質が高くなかった頃から、日本はたゆまぬ努力を重ねてきました。その結果として、日本は課題解決先進国とも称されるほどノウハウを蓄積してきました。これらを最大限に発揮できるのがシニア世代といえます。

話は少し逸れましたが、本書はこれまで当社が培ったＰＤＣＡに関するノウハウと考え方について、一人でも多くの方に実践いただけるよう編纂しました。出版を構想してからも数年の時間を費やしながら、ようやく発刊にこぎつけたことは嬉しい限りです。本書が日本国内だけでなく、新興国人材の活躍の礎を築く一助となれば、望外の喜びであります。

２０２０年5月吉日

株式会社ブレインワークス

contents

第2章

第4章 組織活動力強化のためのＰＤＣＡ　115

第1章

PDCAの基礎と仕事スキル

第1章　PDCAの基礎と仕事スキル

1-1項　PDCAとPDCAサイクル

本書をお読みの皆様は、ＰＤＣＡという言葉を一度くらいは耳にされたことがあると思います。ＰＤＣＡは、第二次世界大戦後の１９５０年7月、日本に品質管理手法を持ち込んだアメリカのエドワーズ・デミング博士（W.E. Deming）が提唱したマネジメント手法です。同博士が来日し、品質管理セミナーを行ったことは、日本の品質管理における歴史からも重要な意味があると言われています。そして以後は、日本企業がさまざまに品質管理の取り組みを進め、世界の人々が驚くほどのスピードで、先進国へと変貌を遂げました。今日においても、日本の工業製品やサービスの品質に対する信頼度はとても高く、多くの国々から認められています。

さて、それではＰＤＣＡについて学んでいくことにしましょう。まずは、ＰＤＣＡサイクルについてです。

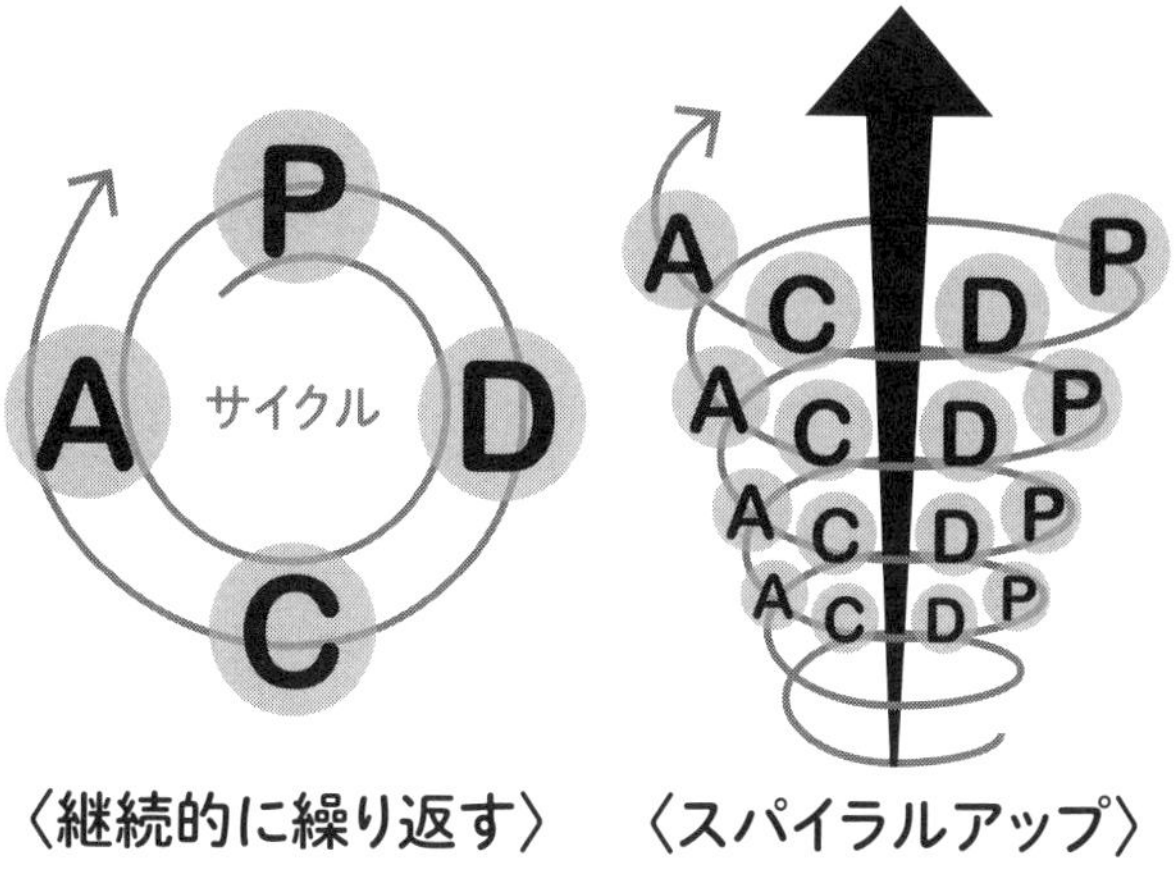

ＰＤＣＡとは、企業における生産管理、品質管理などの業務を効率よく、円滑に進めるためのマネジメント手法であり、４つの単語の頭文字がマネジメントの各段階を示しています。具体的には、

Ｐｌａｎ（計画）

▼

Ｄｏ（実施・実行）

▼

Ｃｈｅｃｋ（点検・評価）

▼

Ａｃｔｉｏｎ（処置・改善）

という4段階のステップを順番に実施し、また同じＰＤＣＡサイクルを辿っていきます。これを継続的に繰り返すことで、螺旋を描くよう

にスパイラルアップし、従来あった問題を徐々に改善し、より円滑に良質な商品、サービスを生み出す仕組みを形成するのです。ＰＤＣＡサイクルと言われる所以です。

また、Ｃｈｅｃｋ（点検・評価）およびＡｃｔｉｏｎ（処置・改善）をＳｅｅ（評価・検証）とし、ＰＤＳサイクルと表現されることもあります。ＰＤＳサイクルが発展してＰＤＣＡサイクルとなったという説もあります。いずれにしても、ＰＤＣＡサイクルが今や日本を含め先進国などでは当たり前に活用されています。

本書を読み進めるにあたって、各ステップの重要なポイントを要約して説明します。まず、Ｐｌａｎですが、計画を作るときには、その目標設定が過大でも過小でもいけません。初めから過大な計画を立てても、実行がおろそかになりとん挫したり、失敗を招いたりする原因になります。また、過小の場合は仕事のパフォーマンスが落ちますし、求められている成果を達成することはできません。常に適正な計画の立案とすることはとても重要なのです。

次に、Ｄｏですが、計画がしっかりできていれば、計画に沿って納期を守り粛々と実行できることは言うまでもありません。一方で、時としてアクシデントや想定外のやるべきことの発生などによる計画の変更はつきものです。この変更管理も実行の際には意識しておく必要があります。

続いて、Ｃｈｅｃｋですが、一番難しくて重要なステップであり、本書でも一番焦点をあてて書いています。このステップをおろそかにすると、ＰＤＣＡサイクルそのものが成り立たないと考えてください。

最後に、Ａｃｔｉｏｎですが、このステップこそが、改善や品質向上の秘訣です。計画に沿って実行したことを検証し、改善点を洗い出して、新たなる計画を立て、スパイラルアップしていくための重要なステップになります。

1-2項 身近な活動で考えるＰＤＣＡ

ＰＤＣＡはビジネス活動だけに適用されるものではありません。また、本質的には私たちの生活でも習慣化されて、自然に実行されていることも多いのです。朝起きたら意識するしないにかかわらず、歯を磨くのと同じように、日常生活の中で行っていることもたくさんあるのです。

例えば、小学生の子どもがいる母親がＰＴＡ活動をすることになったとしましょう。ＰＴＡ活動の中で取り組むべきタスクを決め、そのタスクに対して、計画を立て、計画に沿って行動し、反省会などで結果を確認する、そうして出てきた課題を来年度のＰＴＡ活動メンバーに申し送りする。これも立派なＰＤＣＡサイクルの一環ですが、ビジネスほどＰＤＣＡサイクルを意識していないでしょう。本書では「経営＝ＰＤＣＡサイクルを回す活動」と定義しています。そこで本書は、あくまでビジネスシーンにおけるＰＤＣＡについてフォーカスし、説明を加えていくことにします。

1-3項

実は改善活動も5SもPDCAがベース

全世界における自動車販売台数で首位の座を獲得し続けるトヨタ自動車は、誰もが認める「世界のリーディングカンパニー」です。そんな同社が必要なものを、必要なときに、必要なだけ供給する「ジャストインタイム方式」を導入したのは１９３０年代の後半でした。当時、副社長を務めていた大野耐一氏は、徹底して無駄を排除し、製造工程の合理性を追求。これはのちに「トヨタ生産方式」と称されます。その基本概念の一つに、改善活動があったのです。

改善活動とは、上司からの指示や命令に従って実行するだけではなく、作業者一人ひとりが知恵を絞って考え、より良い状態に改善していくものです。それも、なぜ、なぜ、なぜ……と5回繰り返し問う

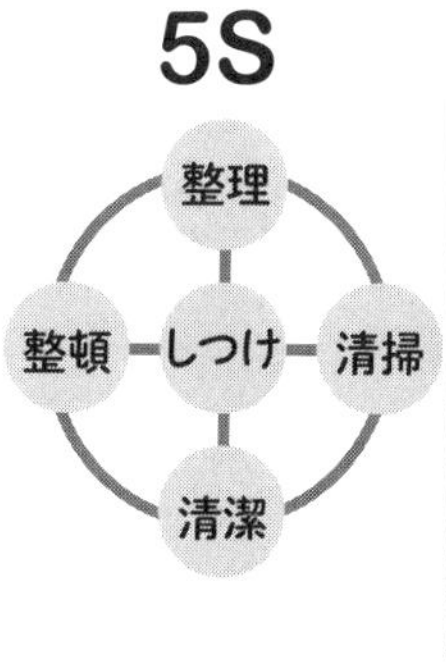

整理	必要なものと不要なものを分別し、不要なものを処分する。
整頓	決められたものを決められた場所に置き、いつでも取り出せる状態にしておく。
清掃	身の周りや職場を掃除し、綺麗な状態を保つ
清潔	誰が見ても不快感を抱かせない状態、衛生的な状態を保つ。
しつけ	決められたルール、規律、手順を正しく守る習慣をつける。

製造業　建設業　物流業　サービス業　病院　その他

ことでようやく本当の原因に辿り着き、改善につながるというものです。

同様に日本で生まれた概念に、5Sがあります。5Sとは、整理・整頓・清掃・清潔・しつけの5項目のローマ字表記の頭文字から表現されており、5Sに基づいた業務管理は5S管理や5S活動と呼ばれています。

整理：必要なものと不要なものを分別し、不要なものを処分する
整頓：決められたものを決められた場所に置き、いつでも取り出せる状態にしておく
清掃：身の周りや職場を掃除し、綺麗な状態を保つ
清潔：誰が見ても不快感を抱かせない状態、衛生的な状態を保つ
しつけ：決められたルール、規律、手順を正しく守る習慣をつける

日本では、世界に名だたる大手企業の製造工場は言うまでもなく、中小企業の町工場など、多くの工場の現場で5Sの啓発ポスターが貼り出されています。そのため、製造業のスローガンのようなイメージがありますが、決してそうではありません。5Sはどんな業

種の職場でも必要なことなのです。製造業だけではなく、建設業、物流業、サービス業、病院、ホテルなど、さまざまな業種で導入されています。

改善活動と５Ｓは、第二次世界大戦後の日本を工業大国に飛躍させた日本式経営手法として、世界中の国々から研究され、今ではカイゼン（Ｋａｉｚｅｎ）、５Ｓ（ＦｉｖｅＳ）として世界共通の言葉となり、企業では経営力強化の基本として取り組まれています。

この改善活動や５ＳもＰＤＣＡサイクルが土台になければ、成功しません。

先ほど、ＰＤＣＡは日本に品質管理を持ち込んだエドワーズ・デミング博士が、提唱したマネジメント手法であると説明しました。

そのため、ＰＤＣＡは品質管理におけるマネジメント手法だと、狭義に理解する人がいます。しかし、ＰＤＣＡは単に品質管理や職場環境を改善する手法ではなく、企業のあらゆる事業活動を支える基本的な取り組みであることをご理解ください。

1-4項

仕事ができる人にとってはPDCAは当たり前

何か一つの物事に取り組むとき、内容がどうであれ、その物事について「できる人」と「できない人」が存在します。できる人の共通点についてフォーカスすると、見えてくるのは基本スキルが身に付いているということ。仕事であればルールの遵守や目標達成を見据えた準備など。ＰＤＣＡも基本スキルに含まれます。

これを身に付けるためには、どうすれば良いのでしょうか。理解しやすくするために、まずはスポーツで考えてみることにしましょう。スポーツであれば、筋力や体力、運動の型などが基本スキルにあたります。「野球で華々しくホームランを打つ」「サッカーで鋭いシュートをし、ゴールを決める」ということは、基本スキルの先に生じた結果。活躍の陰には、誰よりも走り込みや筋肉トレーニングをしていることは想像に難くありません。基本なくして応用はできません。これはビジネスも同じといえます。

もう少し基本スキルについて言及すると、若い頃に基礎トレーニングを怠った結果、40歳を過ぎても仕事スキルの向上が頭打ちになり、低迷するビジネスパーソンが大勢います。その時点からの努力は決して否定しませんが、できるだけ若い頃からトレーニングを行い、仕事の基本スキルを身に付けることが重要です。逆に努力しない、悪いクセが身に付いてしまえば、以後の人生はとても非効率で、質の悪い仕事しかできないビジネスパーソンになってしまいます。

また、こうした仕事の基本スキルの一つにも数えられるＰＤＣＡは、意識的にではなく、習慣としてごく自然に実行できるようになっておくことが大切です。例えば、「私は健康だ」といって暴飲暴食を繰り返していると、年齢を重ねるとともに成人病のリスクが高まります。一方、食事の量や栄養バランス、体重、運動量など日々のチェックを習慣化している方の多くは、わずかな変化にも素早く対処ができ、年齢を重ねて

も健康状態が維持されているもの。ビジネスもまた同様で、日々のチェック、問題の早期発見、そして継続することが仕事の成果へとつながっていくのです。

つまり、仕事ができるというのは、ＰＤＣＡを地道に継続的に習慣化し、実行することにほかならないのです。

1-5項 ＰＤＣＡは強い組織の必要条件

よく「強い組織づくり」ということをモットーに掲げる方がいますが、強いとはどのような状態でしょうか。

そもそも組織とは、個人の集合体です。ただ、文字の通り「組む」だけではなく、「織る」ことができて組織となります。布を織る縦横の糸が組み合うような状態のことです。優秀な個人が集まり、縦横にしっかりと組み合うことが大切なのです。

各国を代表するラグビーチームを見ているとよく分かります。スタープレーヤーがいるだけでは、試合に勝つことはできません。プレーヤーがチームの中で与えられた役割を果たし、共通する目的に向かうチームワークがあってこそ、一人ひとりが持つ能力の足し算をはるかに上回る力を生み出すのです。それこそが組織の強さです。

また、「ワン・フォー・オール、オール・フォー・ワン（One for all,All for one）」との言葉通り、個人はチームのために力を尽くす、チームは個人が最大限に力を発揮できるよう動いていくという相互の想いが結実し、最高の結果へと表れてくるのです。

会社においても、経営はＰＤＣＡそのものです。事業を継続する限りは、必ず

計画する→計画通り実行する→実行した結果を評価する→必要に応じて改善する

という繰り返しです。

このＰＤＣＡサイクルの現況をチェックするものとして、決算があります。どんな会社も年に一度、

期末にやってくる決算。これこそ、最も分かりやすいＰＤＣＡサイクルといえます。端的にいえば、期首に1年間の経営計画を立て、計画に基づいて実行する。そして決算を目前にして計画の達成度と成果をチェックする。また決算で出てきた数字を厳粛に受け止めるということも必要でしょう。そして改善すべきポイントを洗い出し、翌期への計画に反映する。こうした点で決算は、企業活動の起点となった計画を振り返り、その1年間の成果や改善点を読み解くポイントとなるのです。

加えておさえるべきは、期首から決算までの1年単位のＰＤＣＡサイクルは、日々のＰＤＣＡサイクルで形成されるということです。さらにいえば、企業活動のＰＤＣＡサイクルを実行するのは、社長や経営幹部だけでなく、社員一人ひとりであるということも認識しておくことが重要になります。

前ページの図にもある通り、本当に強い組織とは、個々の社員が担当業務においてＰＤＣＡサイクルを回せる組織です。そうした体制が確立されていれば、現場においては品質や納期などのチェックが効くため、トラブルやクレームも少なくなります。そうなれば、会社として緊急的な対応に追われることが少なくなり、その分だけ労力を削られることがなくなります。むしろ、新たな挑戦や発展のために注力することができるようになり、社長や経営幹部も発展に向けた中長期的な取り組みや重要な経営課題の解決について考えたり、チェックをしたりする機会を設定することができます。つまり、社員一人ひとりがそれぞれの役割に応じてＰＤＣＡを実践することが、強い組織を作る必要条件だといえます。

1－6項　分かっていてもできないＰＤＣＡ

ＰＤＣＡは今日において非常にポピュラーなマネジメントの考え方として、世間でも認知されています。各分野でトップシェアを誇る世界企業で採用され、ＩＳＯをはじめとする多くのマネジメントシステム規格にも適用されています。また、ＰＤＣＡの実践によって上手に経営のかじ取りをする企業も少なくないのです。

一方、企業によってはＰＤＣＡを導入したものの、失敗だったという判断を下しているケースも多々あります。「取り組んでみたが形骸化してしまい、継続できなかった」「目先の事が忙しすぎて先への取り組みがとん挫した」「思ったような成果が出なかった」という事態に陥ってしまったと推測できます。特に中小企業では失敗した企業が大半でしょう。原因について、当社の経験からいえば「Ｐｌａｎ」「Ｄｏ」は誰でも容易に実行できる反面、「Ｃｈｅｃｋ」「Ａｃｔｉｏｎ」を実行するのが難しいのです。前者については、当社がかかわっていたベトナムの企業でも、ごく自然に実行している姿が散見できました。しかし後者は、場合によっては自身の非を認める、あるいは改善の決断を迫られることになるため、難しさを感じてしまうのです。結果、ＰｌａｎとＤｏだけを進めるだけで、Ｃｈｅｃｋとアクションを放置してしまい、「Ｐ↓Ｄ↓失敗↓Ｐ↓Ｄ↓失敗……」という負のスパイラルに陥ってしまうのです。

負のスパイラルに陥るということについて、もう少し深掘りしてみましょう。

多くの人は、どちらかというと新しいことを好みます。Ｐｌａｎ＝新しいことを計画すると捉えれば、その時点では気分もポジティブなものです。また、Ｐｌａｎにもスキルが必要ではあるものの、ＰＤＣＡの他のステップに比べれば容易にやり遂げることができます。次のステップであるＤｏも同様です。

しかし、Ｄｏの後で、結果を真正面から受け止め、振り返ってチェックするという作業は、なんだか面倒さがあり、気分もネガティブになりがちでしょう。そして改善となっても、実行するのは口で言うほど簡単ではありません。人間は基本的には怠け者です。性善説でも性悪説でもなく人間は弱いという意味で、性弱説で考えるのが適切です。できれば楽をしたい、面倒なことはしたくない。一方で新たなことを計画するのはとても楽しいのです。そんな人間の本能的な性質に従うと、ＰとＤの「やりっ放し」の状態が発生し、時間と共に繰り返すようになってしまいます。

もちろん、実行すらおろそかになることもあります。いわゆる計画倒れです。やりかけて途中で放置する、忘れることもあります。

いずれにしても、ビジネスにおいては「やりっ放し」が一番の悪。また、人間にはヒューマンエラーがつきものです。これらを防ぐためにもチェックの仕組みが大切なのです。

本書をお読みの皆様はお気付きだと思いますが、日本でのビジネスではＰＤＣＡサイクルを当たり前

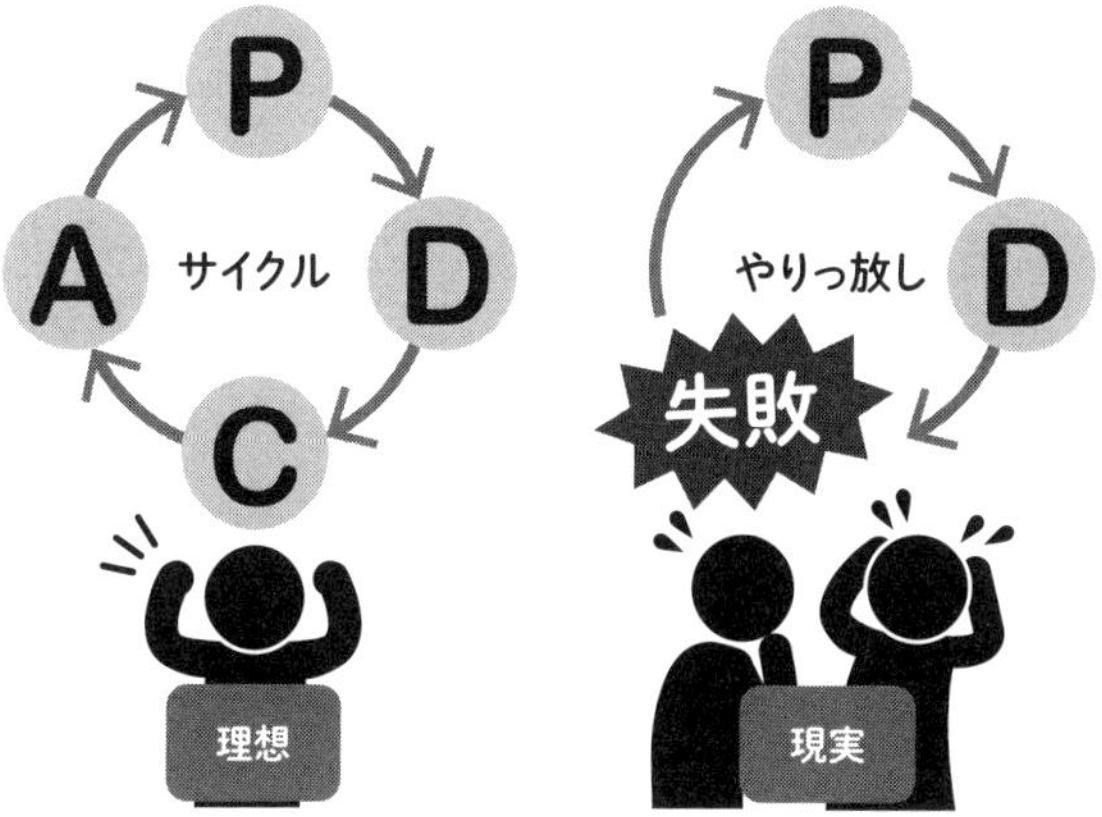

のようにしっかり回せなければ、サービス面や品質面で競合他社に大きく後れを取ってしまいます。一流企業だからＰＤＣＡができているともいえますが、ＰＤＣＡができているから結果として一流企業になったと言うほうが正しいのです。

1-7項 点検の不十分な飛行機に乗りますか

「電気メーカーが高品質の製品をつくる」「食品メーカーが安心・安全な食品を提供する」「建築現場で事故やミスを未然に防ぐ」といったレベルの高い仕事を成し遂げるには事前・事後の点検や検査、つまりチェックが欠かせないものです。例えば工場においては、どんなに生産する工程で精度を高めたとしても、不良品は発生するものです。だからこそ、厳密な検査により不良品を見つけて商品として出荷されることがないように対策しているのです。一般的な仕事で考えても成果物が仕様書通りできているかを検査することは非常に重要な仕事なのです。また、人間のすることに１００％はなく、どんな優秀な人でもどんなに神経をとがらせていてもミスは起こります。ヒューマンエラーは人間につきものなのです。

ところで皆様は飛行機に乗ったことがあるでしょうか？

仮に乗ったことがなくても、飛行機の点検が絶対に欠かせないことは理解できるでしょう。機体を点検せずに万が一飛行中にトラブルが発生すると取り返しのつかない大事故につながります。それだけ重要な仕事ですが、点検をするエンジニアがいい加減な仕事をしているとパイロットは責任を持って安心して操縦できません。

また、熟練のエンジニアでもエラーやミスを起こす可能性はゼロといえません。そうした現実がある中で運航できているのは、法律で定められた項目も含めて「安全に運航するために必要な点検項目」や「漏れなく点検するための手順や方法」が決められていて、それを確実に実行しているからです。当然、ここにもＰＤＣＡは存在しています。

一般的な企業においても、航空会社と同様で、社員はそれぞれの役割を担っています。そしてそれぞれが、ＰＤＣＡサイクルに沿って業務を遂行しているのです。チェックという点においては、

・問題が見つかれば、解決を図った上でしかるべき人に報告する。
・問題について解決を図ることが困難な場合は、速やかに報告し指示を仰ぐ。

というやりとりが必要であり、報告を受けた経営者や責任者が判断を下すことになりま

す。

このチェックをおろそかにするということは、言い換えればエラーやミスを起こす可能性を抱えながら仕事を進めているといえます。会社を飛行機にたとえ、社長はパイロット役と見るならば、社員は乗客ではなくエンジニアです。つまり、チェックを確実に実行することは責務なのです。ＰＤＣＡを確実に回すことが会社の発展や信頼にかかわることを社員一人ひとりが認識できるよう取り組んでいくことが大切です。

1−8項

ＣＡＰＤはＰＤＣＡを正常化する特効薬

ＰＤＣＡを習慣化し、定着させることは難しいも

JIS（日本工業規格）にて
JIS Z8 115:2000で定義

のです。世界トップレベルの品質を誇る日本ですら、各社がＰＤＣＡの重要性を認識していても、定着には苦労しています。創業や組織再編を機に、組織を挙げて取り入れるようなことができればいいのですが、何年も同じメンバーで、同じような仕事を繰り返しているとマンネリが常態化します。

「常に一緒にいる人は、さまざまな面で似る」という調査結果がありますが、悪いクセや習慣は驚くべきスピードで伝播し、定着します。ＰＤＣＡを本気で定着させようと組織のリーダーが叱咤激励したところで、思い通りに改善される確率は低いのです。

また、ＰＤＣＡが機能していない組織を分析してみると、ほぼまちがいなくチェックがおろそかになっています。つまり、やりっ放しのＤｏが山のように散在しているのです。

この状態を打破するため特効薬として、やりっ放しのＤｏの棚卸から始めるのが得策です。具体的な手法としては

・Ｄｏのままになっていることがらを ＴｏＤｏリスト等にアウトプットする。
・ＴｏＤｏリストにアウトプットし見える化ができた内容を網羅的に把握し検証する。
・検証した上で、継続／中止を判断する。中止なら理由を明確にしておく。

という順序で半ば強制的にチェックを実行し、一つも残すことなく結論を出していくと

PDCAの実践

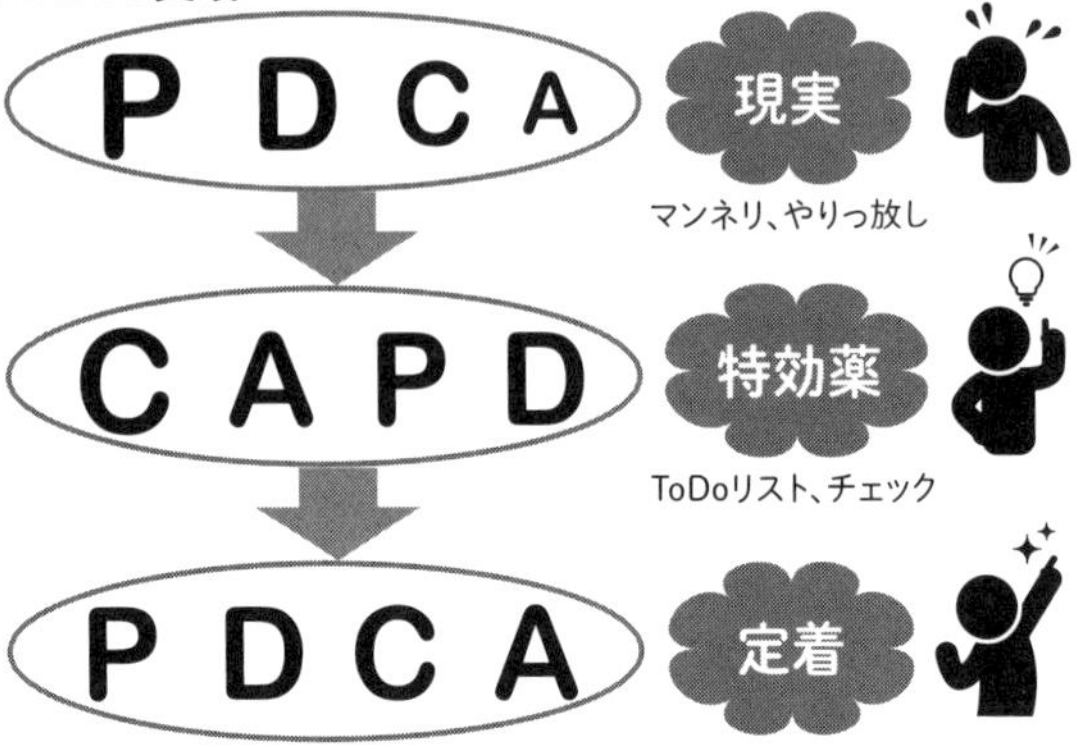

いうことを提案したいと思います。いうなれば、ＰＤＣＡサイクルではなくＣＡＰＤサイクルなのです。

本来、ＰＤＣＡはすべてのプロセスが重要ですが、正常に機能しないＰＤＣＡサイクルを元に戻すためには、ＣＡＰＤサイクルを意識して、何事もＣから始める習慣をつけることが重要です。しかし、チェックは人間が一番苦手とする仕事の一つです。だからこそＣができない悪い習慣を断ち切ることこそが、ＰＤＣＡ定着の近道なのです。

第2章

チェックができていない症候群あるある事例

第2章　チェックができていない症候群　あるある事例

チェックポイントは身近なところに溢れている

この章ではCのステップができていない会社が犯しがちなミスを具体的に紹介します。紹介する事例の多くは、皆様の仕事の現場に存在するありふれたものばかりですが、一歩間違えれば大きなトラブルになる危険性をはらんでいます。商品やサービスの品質劣化、顧客からの大クレーム、組織活力の停滞、そして最悪の場合は経営破綻にもなりかねません。

実は仕事の進捗や成果に対するチェックポイントは身近なところにたくさんあり、タイムリーに正しくチェックが行われる必要があります。それができていないと、大きな問題を生み出す危険性が高くなります。それは病気の前兆に気付かず放置していた結果、取り返しのつかない大病に罹患し、苦しむことになるのとよく似ています。

ここで紹介する「症候群」は、一歩間違えば、まさに会社の信用失墜、組織崩壊の遠因となるものも含まれています。たとえ些細なことであっても、潜在的なリスクをはらんでいること自体に気付かずに見過ごすことが多いのです。

さて、あなたの会社ではいくつの項目が当てはまるでしょうか？

任せっきり症候群

シーン

部下に指示を出したにもかかわらず、期限まで全くのノーチェックになっていた……。忙しい上司にありがちなケースでしょう。「B社に提出する資料の作成をしておいて」と指示したとしても、優先順位の低い作業や納期が差し迫っていない作業の場合、進捗や内容のチェックが後回しになりやすいのです。そして、いざという段階になって「そういえば、あの資料作成の件、どうなった？」と聞くと、全く進んでいなかったり、あるいは見当違いのやり方をしていたりするものです。気が付いた頃には、時すでに遅し。作業のやり直しのために、膨大なロスが発生してしまうのです。

解説

「指示通りに作業を履行しなかった部下が悪い」と言うのはたやすいことですが、結局は上司（指示者）のマネジメントが悪いのがすべてです。特に催促されなければ「まだ先延ばしにしていいのだな」と考えるのは人間の常。部下に作業を任せる際には、緊急度や重要度に応じてこまめに「チェック」を行うことが必要です。責任は、指示をした側にあると肝に銘じるべきです。

ところで、デレゲーションという言葉をご存じでしょうか。一言でいえば、他の人に権限を委譲し仕事を任せるという意味です。仕事をする上では多くの人が当たり前のようにしていることですが、十分なレベルで実践できる人は思いのほか少ないのです。デレゲーションがうまくいかないパターンには大きく分けて2つあります。一つめは「任せっきり」にしてしまい、その後の管理ができないケース。この場合、部下は主体的に仕事ができる反面、失敗を回避するチェックが機能しないため、気が付けば取り返しがつかない一大事を起こしてしまう危険性があります。二つめは、何から何まですべてを細かく指示してしまうケース。それでは子どものお使いのようなもので、いつまで経っても部下は成長することができません。管理する、任せる、この双方のバランスが非常に重要です。仕事の指示をする、任せることは一見簡単にできそうですが、とても難しい仕事です。プロジェクトの成否を決めたり、会社の業績を左右したりする重要な要素の一つと肝に銘じて、心して取り組むべきことなのです。

約束を守れない症候群

シーン

「先日お願いした件、どうなりましたか？」

顧客と会話をしている際、突然話を振られ、冷や汗をかいた経験はないでしょうか。緊急の仕事に追われるあまり、顧客からの依頼事項をうっかり忘れていた、あるいは「分かっていたけれど、忙しさにかまけてウヤムヤにしていた」というケースをよく耳にします。たとえその時点で、依頼ごとの締め切りがだいぶ先で切羽詰まった状況でないとしても、顧客にしてみれば、自分はないがしろにされていると感じて当然です。最初のうちは大目に見てくれても、度重なれば、顧客が離れてしまうのは明白です。

解説

「約束を守る」ことは、ビジネスパーソンである以前に、人として当然求められる礼儀です。約束を守らない人を信頼する顧客など、どこの世界にもいるはずがありません。顧客との関係性が親密になると「これぐらいのミスは許されるだろう」と甘えが生じてしまうものですが、その考えは今すぐに捨てるべきです。現代の顧客は実にシビアです。信用を「残高」という表現で考えてみると分かりやすくなります。何度も約束を破ったり、遅刻したりすれば、信用という残高は極めてゼロに近づき、残高がゼロになれば、顧客はあなたを一切信用しなくなりますし、付き合いも消滅してしまうでしょう。これまではなれ合いの関係でも顧客と付き合いを継続できたかもしれませんが、これからの大競争時代では、そのような甘い期待は抱かないほうが良いでしょう。

決め事なし崩し症候群

シーン

美化だけではなく職場を大切にする意識を持つことを目的として、毎朝全員で社内の掃

除をするのは良いことです。しかし、継続するのはとても難しいものです。例えば誰か一人に緊急の仕事が入り、掃除に参加できなくなる日があるとします。1日なら問題はなくとも、参加できない状況が数日間続く場合もあるでしょう。するといつの間にか、その人は掃除に参加しないのが当たり前になり、それを見た周りの社員も「別に掃除をしなくても構わないのか」と思い始め、いつしか特定の人だけが掃除をしている極めて不公平な状況を生み出してしまいます。これではせっかくの取り組みも、逆効果になりかねません。

あなたの会社でも、小さなルールがなし崩しになっていないでしょうか？

小さなルールほど、たやすく無視されがちなものですが、それが時に、大きなトラブルを招くこともあります。せっかくの良い取り組みも、「毎日、全員で」とルールを決めたならば、必ず実行されなければなりません。当たり前のようでいて、実は案外難しいことなのです。

解説

犯罪学で有名な「割れ窓理論」をご存じですか。誰かが窓を割ってしまい「一枚ぐらいならいいか」と修理せず放っておくと、誰かがまた割る。「どうせ一枚割れているのだから、もう一枚割れていても構わないだろう」と放置する。すると次々と他の窓も割られ、ついには建物自体が荒廃してしまう。こういう良くない芽は早めに摘まなければならないという教訓です。ニューヨーク市ではかつてこの「割れ窓理論」を用い、地下鉄の落書きや無賃乗車の取り締まりなどの軽犯罪を厳しく処罰することで、暴行や殺人などの重大犯罪を半減させています。たかが掃除、と侮ってはならないのです。小さなルールを大切に考え、徹底させるからこそ、公平でチーム一丸となった業務が遂行できるのです。

見直さない症候群

シーン

慣れた頃に必ず起こるのがミスというものです。顧客に提出する資料を例にすると、取引が始まった当初は緊張感もあり慎重に入念に誤字や表記などのまちがいをチェックしていたにもかかわらず、いつの間にか作成した資料をろくに見直さずそのままメールで送ってしまうようになるということがあります。顧客側も、ちょっとした誤字ぐらいならわざわざ注意したりはしないことが多いので、ミスは改善されないままになります。ところが

これを放置すると、致命的となる数量や金額などの表記ミスにより損害賠償を請求されるようなトラブルの誘因ともなりえるのです。

解説

そもそも、どれだけ慎重に丁寧に仕事していても、時としてミスを犯すもので、いわゆるヒューマンエラーは人間にはつきものです。その前提に立てば、ミスを防ぐための仕組みを考えないといけません。それこそ「チェック」の存在意義といっても過言ではありません。社内外を問わず、何らかの成果物を提出する際にチェックを行うのは、仕事の基本中の基本です。特に顧客へ提出する資料に関しては万全の状態にしておくのが当たり前です。「忙しかったので、チェックをしないで提出しました」という言い訳は通用しませんし、作成者自身が見直しのチェックをするのは当たり前です。仕事の成果物はダブルチェックが基本ですが、特に重要度の高い書類や資料は必ず第三者が客観的にチェックする組織的な仕組みが必要です。これが徹底されていないようでは、会社として適正な品質管理ができているとはとてもいえません。

誰かがするだろう症候群

シーン

自分しかいない状態だと発言や意見ができるのに、複数が集まるとできないことが多々あります。例えば、会議は参加者全員が議題に関して自由闊達に意見を出すのが理想です。ところが、実際は会議で発言する人は偏っていきます。特に同じメンバーで繰り返し行う会議ではこれが顕著になります。自分が言わなくても誰かが発言すると大半の人が考えてしまいます。そして、会議が沈滞します。または、仕事とは違いますが、バスに乗っていて自分が降りたい停留所で降車ボタンを押すシーンを考えてみましょう。仮に自分一人しか乗っていなければ、確実に自分がボタンを押すでしょう。ところが、複数が乗っていると、大抵の人は、他の誰かが押すのではと思って待ちます。一人ならボタンを押すのに、誰かがいると自分から先に押そうとする人はほとんどいないのです。これが仕事で顕著になると、依存体質がどんどん身に付いていくのです。

解説

社会心理学の用語に「傍観者効果」というものがあります。周囲に多くの人がいればいるほど、自らの責任が分散されるように感じて行動が抑制されてしまうといった例が挙げられています。あなたがたった一人でやっていることでも、大勢でやっていることでも同じように発言したり、自主的に周囲へ働きかけたりすることができているでしょうか。

また、自主性については、心理学者であるリンゲルマンが提唱した「リンゲルマン効果」というものがあります。「社会的手抜き」とも言われる綱引きの実験で発見したものです。一人ひとりの力の入れ具合が、綱引きの参加人数によってどう変わるのか実験をしました。すると、一人で綱を引いているときには１００％の力で引いていますが、８人で綱引きをしているときには、一人は49％しか力を出していないというのです。人数が増えると、一人のアウトプットする量が減ってしまうのです。

このような誰もが陥りやすい集団心理を理解した上で、単なるやらされ仕事ではなく、しっかりと目的を理解し、自主的な姿勢で担当業務を行うことが大切です。

メール受けっ放し症候群

シーン

「先日メールで問い合わせした件ですが、いつ回答いただけますか?」。突然顧客からそんな電話が入り、冷や汗をかいた経験はないでしょうか。受信メールを無視したわけではありません。一度確かに目を通したものの、その後別の作業に気をとられているうちに返信するのを忘れてしまっているのです。また、同じ顧客から複数のメールが届いている場合には、すべてのメールに返信していないにもかかわらず「送ったつもりになっていた」ということもあります。特に社会人経験が長くなり、管理職や責任者になると、1日に受信するメールの量が多いため要注意です。これも発端は単純なうっかりミスですが、顧客からすると送ったメールは読んで当然、返信があって当然と考えます。信頼を失いかねない重大なミスと捉え、注意したいものです。

解説

手書きメモに記録してチェックするのは基本として、メールソフトの機能を利用して「フラグ」を立てるなど工夫をすれば、受信メールに返信したか否かをチェックすることが可能です。個人レベルではもちろん、そうしたノウハウを社内で周知するのも有効でしょう。メールを無視するつもりがなかったとしても、相手からは無視したように受け止められてしまう点がこの症候群の怖さです。

また、逆に「メール送信しっ放し症候群」もあります。メールを顧客に送信しただけで相手にメッセージが伝わっていると思い込んでいる状態です。顧客もメールを見落としているかもしれませんし、ネットワークトラブルのためにメールそのものが届いていないというケースもあります。定期的にやりとりの漏れがないかをチェックをすること、そしてメール送信後に時間が経過しても返信がなければ、電話などで確実に「確認」する習慣をつけておくことが大切です。

バックアップしない症候群

シーン

翌日のプレゼンのために丸一日かけてパソコンで作った力作の提案書。頑張って仕上げ

て翌朝出社すると、あろうことかパソコンがクラッシュして起動しません。その上、会社のファイルサーバーにバックアップを取っていなかったため、せっかくの資料は完全に消えてしまいました。プレゼンの失敗は確実です……。特に若い頃に誰しも一度や二度はこうした苦い経験があるはずです。

コンピューター上の電子データに限った話ではありません。契約書や請求書などの書類についても全く同じ話です。モノをなくしてしまうリスクは、どんな仕事をしていても必ずつきまといます。重要なデータのバックアップを取る。重要な書類のコピーを保管する。紛失のリスクをいかに軽減させるか。この「チェック」なくして仕事に取り掛かるのは、非常に危険なのです。

解説

重要な電子データは、常に2ヶ所以上に分散するなどの慎重さが必要です。電子データであれば、一つの事業所内にある別々のパソコンに分けて保存するだけでなく、ネットワークを介して別の拠点などに確実に残しておく必要がある重要な場合もあります。それぐらい徹底してデータを守らないと、責任を全うできません。とりわけ日本は世界屈指の地震大国であり、その他にも火事や洪水などさまざまな災害リスクが考えられます。万が一の場合に備えて自分の行動を慎重にチェックしておけば、多少のトラブルなら無理なく回避できるはずです。

ところで、バックアップ、二重化などの必要性は誰もが知っているはずなのに、どうして怠ってしまうのでしょうか。今は、文書作成ソフトなどでも自動的にバックアップできる機能が増えてきましたが、やはり、自分で意識して実行することです。「人間であれば誰もがミスを犯す」という「ヒューマンエラー」の考え方は、今やどんな業界でも常識となっているにもかかわらず、なぜか皆「自分に限ってそんなことはしないだろう」と思い込んでいるのです。そしてもう一つ、「ＩＴへの過信」もまたいまだに根深いのです。ハードディスクが壊れた瞬間やパソコンに入ったすべてのデータが一瞬で消えてしまうリスクを十分に理解して、仕事に臨まなければならないのです。

会議やりっ放し症候群

シーン

会社の組織運営に会議は必要です。ところが有意義な会議を開催できていない会社があります。特に中小企業に多く見受けられます。「会議を頻繁に開いている」からといって安心するのは早計です。例えば、あなたの会社の会議では、壊れたテープレコーダーのように毎回同じ話を繰り返していないでしょうか。同じ課題がいつまでも取り上げられ、有効な対策も打たれない。そんな会議は時間の無駄です。また、せっかく皆で知恵を出し合い解決案が出たとしても、実行がおろそかになりいつの間にか忘れ去られていては意味がありません。PDCAサイクルに従った会議をしているつもりでも、実際は「P」だけの、果てしなく無駄なループを生み出すだけの会議になっているのです。

解説

「同じ失敗を繰り返す」、あるいは「意味のない時間を浪費する」ことぐらい企業にとって無駄なことはありません。生産性のない、必要のない会議と言ってもいいでしょう。正しい会議とは、参加者全員が会議の目的を共有し議論し、実行することを決定するものです。そして、決定事項が確実に実行されたか否かをチェックする場でもあります。参加者が会議の基本的な目的を理解していなければ、ただ、お付き合いで参加しているだけの意味のないマンネリ会議です。会議を実りあるものにするためには、まずは、会議で何を決めるかを明確にする「アジェンダ」と、決定した内容を振り返る「議事録」の作成を徹底すべきです。アジェンダを作らない議事録も取らない状態で会議を開くのは、航海図も持たずに大海原に船出するような、無謀で無意味な行為なのです。

部下に返事をしない症候群

シーン

タイトルだけで、ドキッとした方も多いのではないでしょうか。普段、部下に返事をしていますか？「報告・連絡・相談をきちんとしろ！」としつこく言ってはいるものの、日々、部下からの日報や状況報告のすべてに目を通し、あるいは耳を傾けるのは大変なものです。アウトプットされたものを受け取るだけで、そのまま放置してしまうことが続くと、部下

は「どうせ日報を提出しても、目を通してくれないのだから、きちんと作るだけ無駄だ」と考えるようになってしまいます。このような状態のままでは、経験の浅い部下に任せた仕事が原因で、知らぬ間に致命的なミスが発生し、取り返しのつかない重大クレームが寄せられていた……といったことが起こる危険性が非常に高くなります。

解説

「忙しいから仕方がない」という言い訳は通用しません。部下をマネジメントするためには、部下からの報告に対するレスポンスは何らかの形で必ず行う必要があります。今一度、何のために部下に報告を義務付けているのかを考えてみるべきです。作業のミスや漏れを防いだり、品質を確保したり、クレームを減らすなど、部下からの報告内容のチェックポイントは多々ありますが、新しいビジネスチャンスの芽がその中に埋もれている可能性も大いにあり得るのです。部下の声に耳を傾けることこそ、マネジメントの第一歩です。

思い込み症候群

シーン

仕事で上司から再確認されることは多々あるでしょう。「この前のあのお客様と約束した納期いつだったかな?」、メモや文章を再確認せずに記憶だけで返事することはないですか? これは、記憶に頼った根拠のない仕事をしていることになります。

また、「いつも受け取るものが△△だから」「○○さんが言っていたから」など、自分の目で見て現物確認をしないことで、ミスが生じるということもよくあります。これは根拠のない仕事です。相手が顧客であれ、社員であれ、基本は自分の目で見て確かめることです。それを怠れば、「確かその書類は受け取ったはずだったのだけど……」といつか重要な書類を失ってしまう羽目に陥るでしょう。

解説

チェックの基本は「現物を見る」ことです。いわゆる「3現主義（現場・現物・現実）」は仕事の基本です。書類でも何でも、「送付しただろう」「受け取っただろう」「保管していただろう」といった「だろう」で判断していては、危なっかしくて仕方がありません。そんな曖昧なやり方では、シビアなビジネスの世界で成功するはずがありません。仕事の責任者が楽観的では、仕事がうまくいくはずないのです。起こりうるリスクを極力回避するために周到に段取りをし、万全の態勢で臨むのが、仕事ができる人です。大胆であるというだけでは、ただ無謀なだけになってしまいます。「私は長年の勘で仕事ができるから、問題ない」と豪語する人がいますが、本当に仕事ができる人は大胆である分、慎重さも持ち合わせています。石橋を叩いて渡るぐらいの慎重さでチェックをしていれば、ビジネスで大きなミスを犯すことはなくなります。

引き継いだつもり症候群

シーン

「引き継ぎ」が原因で起こるミスもよくあります。部署異動や退職で担当者が変更になるのは一般的です。長年付き合いのある顧客の担当営業が変更になったにもかかわらず、前任者からの引き継ぎが十分にされなかったために、その後のフォローがおろそかになっ

てしまうことは非常によくある話です。顧客からクレームが入ったときは、時すでに遅し。「前任の〇〇さんのときにはこうしてくれていたのに、どうして今はできないのですか？」と追及されても、そもそもその引き継ぎが不十分なのだから後任の担当者はどうしようもありません。最悪なのは前任者が退職し、すでに会社にいない場合です。「こんないい加減な会社に仕事は任せておけない」と、せっかく前任者が長年かけて築いてきた信頼もすっかり損なわれ、競合他社に奪われてしまうのがオチでしょう。

解説

担当者間で顧客の引き継ぎを行った営業業務では、会社全体として顧客との関係性を把握できていない状況が起こりがちです。しかし、企業は個人商店の集まりではありません。全社員が、自分の仕事は会社を代表して履行しているものという原則を理解し、上司や同部署のメンバーと積極的に情報共有していくからこそ、組織の強みを発揮できるのです。ましてや長年付き合いのある顧客の担当者が交代になる場合は、どれだけ注意してもやりすぎることはありません。細かいことまで責任を持って業務を引き継いで、ようやく前任者の役目が終わると心得るべきです。また、引き継ぎが適切に行われたかどうかを上司や後任者がチェックしておかないと、引き継ぎ時に起きたトラブルに誰も対処できないことにもなりかねないので要注意です。特に人事異動や退職などの場合、引き継ぐ人は肩の荷が下りて作業自体がおざなりになる傾向が強くあります。引き継ぎには責任が生じること、前任者は後任者へ漏れなく情報を伝えることが重要だと理解させ、内容についてもドキュメントにするなどの工夫が大切です。

■ルーティンワークのマンネリ化症候群

シーン

会社で繰り返し行う仕事、例えば、社内の管理資料作成や、月々の受注、納品、そして請求処理業務は、おのずとルーティン化していくものです。毎月同じような書類が同じタイミングで取り交わされるようになると「できて当たり前」のルーティンワークを完璧にこなすことが難しくなってきます。例えば書類のチェックを怠ったために、合計の数字や日付を間違える、顧客への請求書の送付を忘れていたために、入金のタイミングが遅れるなど、関係者には「だらしない」「信頼できない」という印象を与えてしまいます。ちょっ

とした確認ミスが、思いもよらない範囲に影響を及ぼすようなこともあるので、注意が必要です。

解説

決め事なし崩し症候群で触れた「割れ窓理論」の典型的な例です。「些細なミスだから」とルーティンワークのミスを放置すると、社内のあらゆる業務がいい加減になっていく負のスパイラルが生じます。そして会社自体の体質が弱まってしまうのです。ルーティンワークでミスが発生するのは、確実なチェックの習慣化やマニュアル化ができず属人的な仕事になっているということです。慣れや気の緩みなどで、小さなミスが繰り返されているのが実情です。重大犯罪を防ぐためにはまず軽犯罪を徹底的に取り締まらなければならないように、誰でもできるルーティンワークこそ完璧にこなせるように、作成した書類を第三者が客観的にダブルチェックすることを義務付け、軽微なミスの発生を減らすなどの取り組みを組織として徹底することが必要です。基本に忠実であることを忘れないようにしましょう。

相談がタイムリーにできない症候群

シーン

若手社員が膨大な資料をあちこちから必死で探しながらプレゼン用の企画書を書き上げました。上司に提出すると「なんだ、この内容の企画書なら以前作ったものがあったのにどうして相談しなかったの？　もったいない」。せっかく企画書を作ったのに内容も不十分で、やり直し。結局、大半が無駄な仕事、無駄な努力になってしまったのです。

解説

笑い話では済ませられません。若手社員が取り組む仕事は初めてのことが多いものですが、上司へ取り組む前や途中で相談することで、参考になるような過去の企画書を教えてもらうことができたのです。プレゼンまでの期間が短いのであれば、なおさら事前に上司と相談し、状況報告をすることで適切なアドバイスがもらえたはずです。企画書の作成に限らず、すでに会社にノウハウが蓄積されていて簡単にできるはずの仕事を、担当者が変わるたびに毎回振り出しからスタートするのは会社全体で見れば実に無駄なことです。上司から状況を聞かれて初めて相談するのではなく、自分から「報告」「連絡」「相談」をタイムリーに行うことで効率の良い仕事ができるのです。そもそも組織で効率の良い業務を行う大前提には「報告」「連絡」「相談」があります。若い頃は自分一人でやり切ろうとする気持ちが強すぎて、独りよがりになりがちです。その結果すでに社内に存在するノウハウや知恵の活用ができなくなってしまう人がいます。学生時代の試験とは違います。仕事は依存にならない範囲で、結果を出すために上司や周囲の人を積極的に活用することが大切です。

なれ合いメンバー症候群

シーン

社員同士の仲がいい。それ自体は悪いことではありませんが、職場がいつも和気あいあいとしている企業が必ずしも顧客にとって良い企業とは限りません。例えば飲食店で、店員同士がいつもおしゃべりしていたらどうでしょうか。顧客を待たせた揚げ句、間違った配膳をしてしまうなどミスが多発するのは当然のなりゆきです。良い会社どころかサービス業失格です。また、これはサービス業に限った話ではありません。どんな業種にもつきものですが顧客からのクレーム対応なども顕著な事例です。顧客よりも社員を優先してかばい合い、顧客との信用回復が後回しされることも多々あります。このように、社員同士が友だち感覚になってしまうと、互いに仕事上の不備があっても見過ごしてしまう悪習が横行し、組織崩壊の一因につながるのです。

解説

どのような企業にも、組織内の見えにくいところでこうしたなれ合いが発生していることがあるのでお互いが気を引き締めて業務に臨むことが必要です。仕事とプライベートは別物と捉え、メリハリある人間関係を築いて団結しなければ、良い組織にはなりません。

仕事上のチェックは上司から部下に対して行うのが基本ですが、それだけではありません。同僚同士でも互いにチェックし合い、できていないところを注意し合えれば成長も早く、情報共有もスムーズになります。このような「相互牽制」のきいたスタイルで仕事をしていくためには、まず「なれ合い会社」を脱却しなくてはなりません。ミスが許されない現場に、緊張感はつきものです。例えば警備員が和気あいあいと訓練をしているでしょうか。そんな集団に警備を任せたいとは誰も思いません。企業も同じで、顧客が安心して仕事を任せられる会社は、内部できちんと統制が取れているものなのです。

いい加減な押印症候群

シーン

まだまだ日本のビジネスは印鑑文化です。会社の責任者に押印の仕事は多いものです。次から次へと、部下から提出される書類。時間がないからとろくに目を通さずに判を押してはいないでしょうか。押印とは責任者が確認し承認した証明です。その内容の確認を怠っていると、どのような事態を招くでしょうか。「とんでもない内容の契約書を顧客に渡してしまった」「まったく違う仕様の業務委託をしてしまった」など、軽い気持ちで押印した書類が大トラブルを引き起こすこともあるのです。

解説

チェックミスの中でも、定番中の定番といえる事例です。すべての仕事に当てはまることですが、問題は仕事に慣れ始めた頃に起こります。どんなチェックの仕組みやルールも最初は確固たる目的や意味があってスタートしているはずであり、そこに立ち戻って遂行されなければ意味がありません。押印は押印者がその内容を確認し、了承し、承認したことであり、押印者には責任が発生します。これからは電子サインも一般的になってきます。そうするとますますいい加減な押印が横行するでしょう。責任者が行う「押印」という行為の意味を、あなたの会社でも、もう一度チェックし直してはいかがでしょうか。

考えない症候群

シーン

上司の指示や、顧客の要望に対して何でも「はい、分かりました」や「はい、やります」と二つ返事で済ませてしまう人がいます。もちろんそれで問題ない場合もありますが、「なぜ、そのような指示があるのか」「与えられたルールは何のためにあるのか」の本質的な理由を知っておかないと、後でとんでもない誤解が生じたり、思わぬトラブルの原因になったりします。とりわけ恐ろしいのは、顧客対応です。安易に引き受けた結果、大赤字になっ

てしまうこともあります。また、顧客の話を誤って捉え、見当違いのアウトプットをしてしまう危険性もあるでしょう。大きなクレームになるだけでなく、いずれ多くの顧客から見放されてしまうのは、自明の理と言うべきでしょう。

解説

トヨタ自動車では「なぜ」を5回繰り返す、と言われています。仕事ができる人とできない人を分けるのは、まさにこの「どれだけ『なぜ』を繰り返し、その理由を考えることができるか」に尽きるのです。自分のしている仕事について深く考えない人は、少し話をすればすぐに分かります。「どうしてあなたはそう判断したの?」「それで、あなたはどう考えているの?」……いくつか質問をすると、すぐに返答に窮してしまうのです。

考える能力が低いわけではなく、深く考えるのを面倒くさがっているだけなのです。1回考えて終わり、では仕事になりません。「考える」ことはチェックすることともいえます。単純なことですが、どんな仕事をする上でも決して忘れてはいけない、基本中の基本なのです。

結果オーライ症候群

シーン

「時間に追われながらもギリギリで作った資料でプレゼンに行ったのに、受注がとれた。ラッキー！」、そんな風に考え、行動しているビジネスパーソンをよく見かけます。心の中ではやっつけの手抜き仕事と思っていても、うまくいってしまうと「売れたのだから、いいか」と自分の仕事に対する振り返りをやめてしまうのです。

これが良くありません。プロセスに問題があったにもかかわらず、何となく物事がうまく運んでしまうときこそ、「レビュー」が必要なのです。今回は偶然うまくいったとしても、次に同じプロセスで仕事を進めれば、失敗してしまうかもしれません。致命的なトラブルが起きた後に「あのときは同じやり方でうまくいったのに、どうして今回は失敗したのだろう……」と嘆いても、後の祭りなのです。

解説

この事例の最大の問題は、そもそもギリギリに仕事するということですが、この悪い癖がある人はレビューを怠るケースが多いです。ギリギリに仕事するのは計画性がなく行き当たりばったりの仕事をする人なので、レビューの大切さも分かっていません。何かトラブルや問題が起こったときは、振り返り、原因を分析する。これは当たり前のことです。そして、もっとおろそかになりやすいのが、結果が良かったときのレビューです。結果が良かったとしても、それはラッキーパンチで偶然うまくいったのかもしれません。仕事についてのレビューは、子どもが教師に強いられる反省会とは別物であり、経験を活かし今後のビジネスで失敗をしないために、新しいノウハウを積み上げる自主的で積極的な行為なのです。

失敗したプロジェクトと同じぐらい、成功したプロジェクトもしっかりとレビューを行う。それが、どんな状況にも耐えうる、本当に筋肉質な組織づくりの第一歩となるのです。

■プロジェクトのリファインできない症候群

シーン

同じような内容のプロジェクトにもかかわらず、同じミスが発生し、顧客からクレーム

を受けてしまう。そのような経験をしている会社は少なくありません。例えばソフトウェア開発会社であれば、毎回スケジュール遅延が発生し、最後には泥沼状態になってしまう、納品したシステムにバグ（不具合）が見つかり緊急修正が必要になる……といった事例がいくらでもあるでしょう。初めてのミスであれば許してくれても、同じ失敗を何度も繰り返したらどうなるでしょうか。わざわざミスの多い企業に発注するようなのんきな顧客などいるはずがないのです。

解説

同じミスが繰り返される原因は、一つのプロジェクトが終了したとき、レビューも行わずに次のプロジェクトに移ってしまうことです。その結果、成功だけでなく失敗も含めたせっかくのノウハウが社内に蓄積されることなく、ズルズルと以前と同じ問題のある方法で業務を続けることになります。そうした生産性が低く、質も悪い仕事をしているようでは、コスト面、品質面の両方で競合他社に勝つことはできません。また、発生した目の前のミスの対処に追われるうち、社員は疲弊し始め、さらなる新しいミスを生み出す元凶となりかねないのです。

こうした「負の連鎖」を断ち切るためには何が必要でしょうか？　もうお分かりだと思いますが、「チェック」です。プロジェクトの過程で発生したさまざまな問題点を洗い出し、同じミスを繰り返す可能性があるものをチェックし、改善する。さらに、自分たちのプロジェクトに限らず、他の部署に共通するものは改善方法の情報を共有する。私たちはそれを「リファインする（＝洗練させる）」と呼び、業務改善の重要なキーワードとして位置づけています。

ヒヤリ・ハットを見逃さない、経営の最大の武器

本章では、多くの企業に見受けられるありがちな落とし穴を紹介しました。あなたの会社は果たしていくつの項目が当てはまったでしょうか。おそらくいくつも心当たりがあったはずです。一見、些細に思えるものも混ざっていますが、いずれの「症候群」も実は、多くの会社での実例ばかりです。人間の健康状態にたとえると、放置すれば大病を招く危険なものばかりなのです。

ここで、この章で取り上げた症候群を便宜的に分類した表を説明します。それぞれの症

あるある事例の各症候群分類表

※各事例を「対象」と「顕在化するリスク」で分類。(○／△)

あるある事例	対象者			主な顕在化するリスク				
	個人	チーム	経営	納期遅延	品質劣化	機会損失	信用失墜	コミュニケーション不全
任せっきり症候群	△	○	○	○	○	△	△	○
約束を守れない症候群	○	○	△	○	△	○	○	○
決め事なし崩し症候群	○	○	○	△	○	△	○	△
見直さない症候群	○	○	△	△	○	△	○	△
誰かがするだろう症候群	△	○	△	○	△	○	△	○
メール受けっ放し症候群	○	○	△	△	△	○	○	○
バックアップしない症候群	○	○	○	○	△	○	△	△
会議やりっ放し症候群	△	○	○	○	○	△	○	○
部下に返事をしない症候群	△	○	△	△	△	△	○	○
思い込み症候群	○	○	○	△	○	○	△	△
引き継いだつもり症候群	△	○	○	△	○	△	○	○
ルーティンワークのマンネリ化症候群	○	○	△	△	○	△	△	△
相談がタイムリーにできない症候群	○	○	△	○	○	○	△	○
なれ合いメンバー症候群	△	○	△	○	○	○	△	○
いい加減な押印症候群	△	○	○	△	△	△	○	△
考えない症候群	○	○	△	△	○	○	△	○
結果オーライ症候群	○	○	△	△	○	△	○	△
プロジェクトのリファインできない症候群	△	○	○	△	○	△	△	△

候群は組織の立場によって関連する対象者が違います。この表では、個人、チーム、経営で分類しています。そして、それぞれの症候群に関係して顕在化するリスク分類も表にまとめました。納期遅延、品質劣化、機会損失、信用失墜、そしてコミュニケーション不全の5つのリスクは特に重要です。それぞれの症候群との関連度を○と△の記号で表現しました。顕在化するリスクは他にも幾つもありますが、表の補足として、まとめていますのであわせて参考にしてください。症候群は会社の規模、業者や社歴など色々な要素で発生する頻度や内容も違います。一度、皆様の会社で洗い出して整理してみてはいかがでしょうか？　その際の整理や分析の一助に役立てていただければ幸いです。

主な顕在化するリスク

納期遅延　品質劣化　機会損失　信用失墜　コミュニケーション不全

分類表に記載していないリスク例

損壊・紛失
損害賠償
組織活力低下
サービス停止
誤作動・誤操作
労働災害
風評被害
情報漏洩
内部不正
資金枯渇

第3章で詳しく触れますが、ヒヤリ・ハットとは、業務の中で起こる「一歩間違えば大きな事故やトラブルを引き起こしたかもしれないちょっとしたミス」のことを指します。組織の中で重大なトラブルが1件発生したとき、その裏で必ずこうしたミスが大量に発生しているものだと言われています。本章で紹介した「症候群」は、まさに大トラブルの種となるヒヤリ・ハットの数々なのです。

組織マネジメントは、地道な細かい努力の積み重ねによって初めて成り立ちます。細部の地道なチェックをないがしろにし、自社の生み出すサービスや商品の品質を落としている会社が、どうやってこれからの厳しい時代を生き抜いていくのでしょうか。いい加減な事業活動を続けていれば、顧客や社員の信頼を失い、致命的なレベルまで経営が悪化するのは時間の問題です。

第3章以降でＰＤＣＡサイクルを継続的に回し続けて、チェック力の強化、改善を行う方法を紹介します。個人の仕事スキル、組織力の向上を実現する具体的な考え方を身に付けましょう。

第3章

仕事スキル
向上のための
PDCA実践ポイント

第3章　仕事スキル向上のためのＰＤＣＡ実践ポイント

3-1項　個人のＣ力を高める。Ｃ力とは何か？

本書の第1章では、ＰＤＣＡのうちＣが重要であること、しかしながらＣがもっとも苦手意識を持たれるステップであり、実行されないということも解説しました。さらには、それらを鑑みて、本書ではいわばＣＡＰＤとして、Ｃからスタートさせてみてはどうかということを結論づけました。ここでは第1章に続く内容として、確実にチェックを実行する仕事の基礎スキルを「Ｃ力」と定義して、考えていくことにしましょう。

さて、先ほどＣ力については、チェックを確実に実行する仕事の基礎スキルと説明させていただきました。この「仕事」という言葉についてデジタル大辞泉では、

仕事＝何かを作り出す、または、成し遂げるための行動

とあり、極言すれば、成し遂げるまで行動が至っていなければ仕事とはいえないと論ずることができます。

すでに第2章でも多くの事例で取り上げましたが、会社では日常大小さまざまな仕事が行われていますが、多くの仕事が順調に進んでいなかったり、やりっ放しになっていたりするケースが沢山あります。仕事で満足できる成果を出すのは簡単なことではありません。やるべき仕事は確実に実行されたか？　その仕事の結果は十分な内容か？　とチェックすることが重要ですが、それをおろそかにするとやっていない仕事、やりかけの仕事、やりっ放しの仕事が山のように溜まっていきます。言い方を換えると、Ｃ（チェック）とセットでないＤ（実行）はしてはいけないということです。Ｃ力の基本はセルフチェックができるかどうかです。自分が行ったＤに関しては、すべてについてムラなくタイムリーに仕事の状況や結果をチェックする必要があります。やるべきことをやったのか？　やり方は正しかったのか?タイムリーであったのか？　こういう視点で必ずチェックをすることが重要です。

ここで、ＰＤＣＡサイクルを取り入れた理想的な1日の過ごし方を示しておきましょう。まずは仕事を始める際のポイントです。ここでは自分が今日やるべき仕事の中身を確認し、把握します。ＴｏＤｏリストやメモを見ながら期限ややるべきことを再確認して、今日やるべきことの優先順位の見直しや段取りをするのです。

そして、集中力を高め計画通りに仕事を進めます。時には上司から急な用件の依頼が飛び込んでくるかもしれません。また、想定していた以上の時間がかかってしまうということもあります。そうしたことが起こる度に優先順位の組み換え、上司や先輩への相談や報告も発生します。これらに関する取り扱いは場面によって変わるものの、基本的な姿勢としては、真正面から取り組むことになってくると思います。

そして、終業です。1日を終えてホッとしたい気持ちはとても共感できますが、ここが1日を振り返ってチェックするべきタイミングです。仕事は段取り通りに進めることができたのか、明日以降へ残した仕事はないか、得られた成果に不足はなかったか、などチェックするべき内容は多岐にわたります。日報を運用しているところであれば、日報に整理してまとめることも必要です。日報がなくても、メモなどを活用し、しっかりとチェックの内容を記録に残し明日につなげます。

これら日々のチェックは本来、役職やキャリアの浅深にかかわらずやっておくべきものです。自分のことは自分でチェックする。やりっ放しにしない。必ず振り返る。こういうスキルをC力と言うのです。ここをまず磨くことから始めていただきたいと思います。

では、自分以外がしている仕事をチェックするスキルとは何でしょうか？　これもC力ですが、セルフチェックのＣ力とは違いがあります。日本で年末になると見かけますが、「火の用心　マッチ一本　火事の元」の掛け声で知られている火の用心の見回りで考えてみましょう。火事は誰も起こしたくありません。ですので、原則は自分で火の後始末など火事につながる原因をすべてセルフチェックで無くすことが必要です。例えば、ビジネスホテルに泊まっても喫煙者に関しては必ず注意書きがあります。

一方、消防団による火の用心の見回りは、セルフチェックとはいえません。第三者の立場でそういう役割の人が、他人の家の火の用心に対する注意喚起をしたり、実際にそれによってそれぞれの家のセルフチェックを促したりしているのです。シンプルにいえば第三者チェックです。ここで大事なことは、消防団の人は仮に自分の家の火の用心、つまりセルフチェックができていない人でも、火の用心の見回り仕事はできることがあるということです。会社に置き換えて考えるならば、自分以外の仕事をチェックする仕事は、使命感や責任感あるいは仕事と割りきればできることもあるということです。ですので、この項での説明のＣ力は誤解をされやすいのですが、最大に評価され仕事ができる人は、セルフチェックが当たり前にできた上で、必要なときは他人のチェックもできるということになります。

もちろん、本書の主題であるＰＤＣＡのＣは個人のＣ力だけで成り立つのではなく、組織的なＣ力に加えてさまざまな仕組み、それを確実に実行するための工夫や制度も必要になってきます。

　これらについては、この本を読み進めていただければ、理解が進むと思います。

　ただ、忘れてはならないのは、セルフチェックができない人、つまりＣ力が身に付いていない人でも、ＰＤＣＡのＣの役割は担うことができます。しかし、それは、中長期的な視点で見たらＰＤＣＡの定着にはならないのです。そもそも論になりますが、ＰＤＣＡのＣのさらなるＣを用意しないといけなくなり、結果的には、下降スパイラルのＰＤＣＡを知らず知らずに生

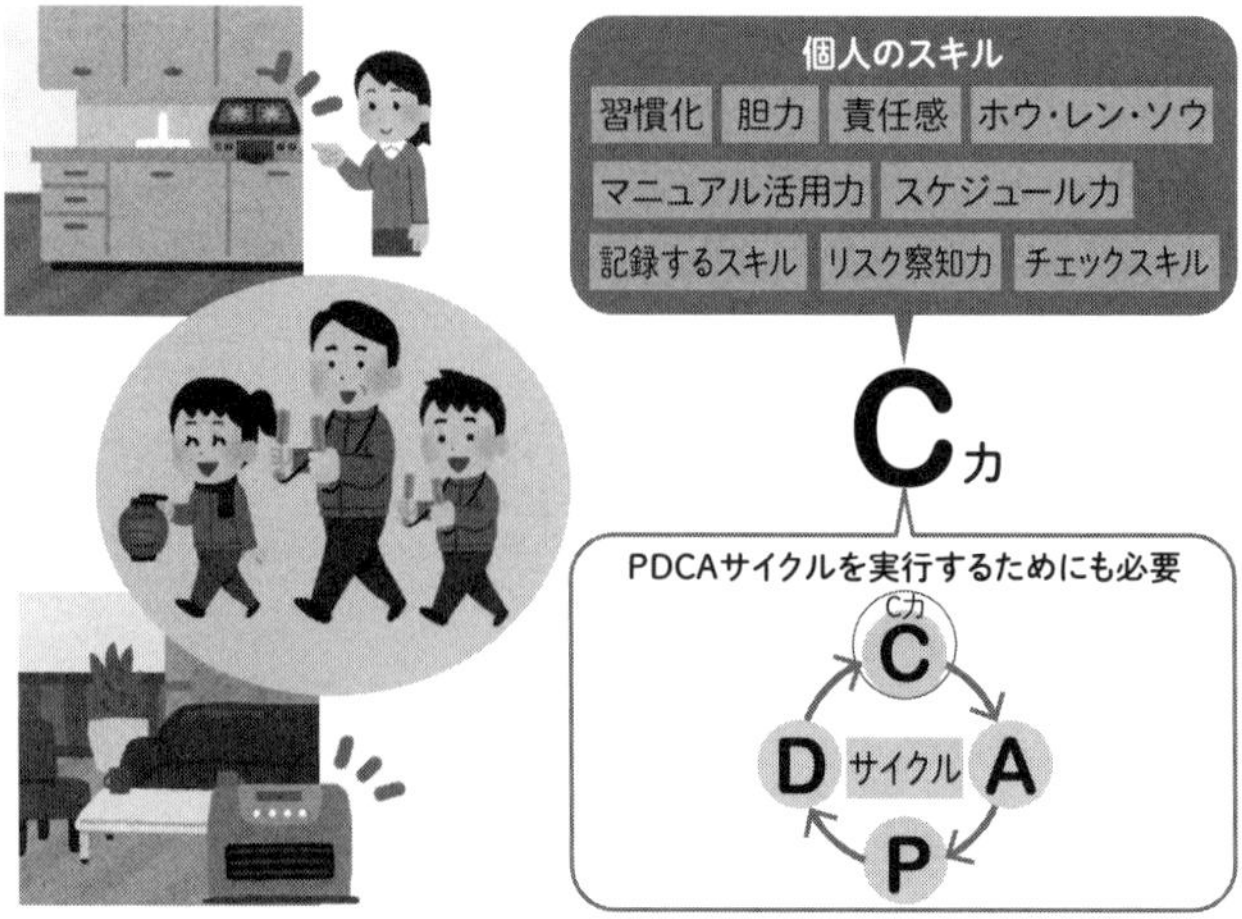

み出すことになります。そして、コストの肥大、品質の低下、顧客信用の減衰、そして組織の疲弊につながっていきます。新入社員と経営幹部では責任の重さや求められる仕事のスキルには雲泥の差がありますが、このＣ力については基本的には同じです。自分の仕事は自分が振り返る責任を持つ、ということに尽きます。

3-2項　Ｃの重要視がＰＤＣＡ実践の第一歩

　ここまで本書を読んで自分を振り返り、「Ｃ力を身に付けるということをおろそかにしていたな」と反省された方は、まず「Ｃ」を重要視することから始めましょう。これが、仕事ができるビジネスパーソンへの第一歩となります。

　少し話が逸れますが、本書をお読みの皆様が新入社員として就職した当時、周りにいた先輩社員や上司の姿に「さすが、仕事ができる人たちだな」と感じたと思います。しかし、自身が仕事を覚え、周りの社員と一緒に仕事をするようになると、少しずつ仕事ができる人とできない人の違いが見えてくるようになります。

　仕事ができる、できないということをより明確に言語化すると、仕事ができる人は、仕事上で必要な経験や知識があるだけではない「何か」を持っているといえます。これは、キャリアが20年の人でも、５年の人でも同じです。その「何か」の一つが、ＰＤＣＡサイクルに従って仕事を確実に行っていることです。とりわけ「Ｃ」を重要視し、必ずチェックを実践しています。仕事には、経験や知識ももちろん必要ですが、ＰＤＣＡを自ら実践する力がなければ、仕事ができるビジネスパーソンにはなれないのです。

また、組織の傾向を示すものとして「２：６：２の法則」というものがあります。これは一つの組織には

①全体の２割＝仕事ができる人
②全体の６割＝平均的に仕事ができる人
③全体の２割＝仕事ができない人

が存在しているというものです。ＰＤＣＡの実践力に当てはめてみます。
①は仕事のプロであり、当たり前のようにＰＤＣＡを重視し、自ら実践します。自然体であることから周囲が気付かないこともよくあります。
②は誤解を恐れずにいうと、ＰＤＣＡを自ら実践しているのではなく、組織が作った仕

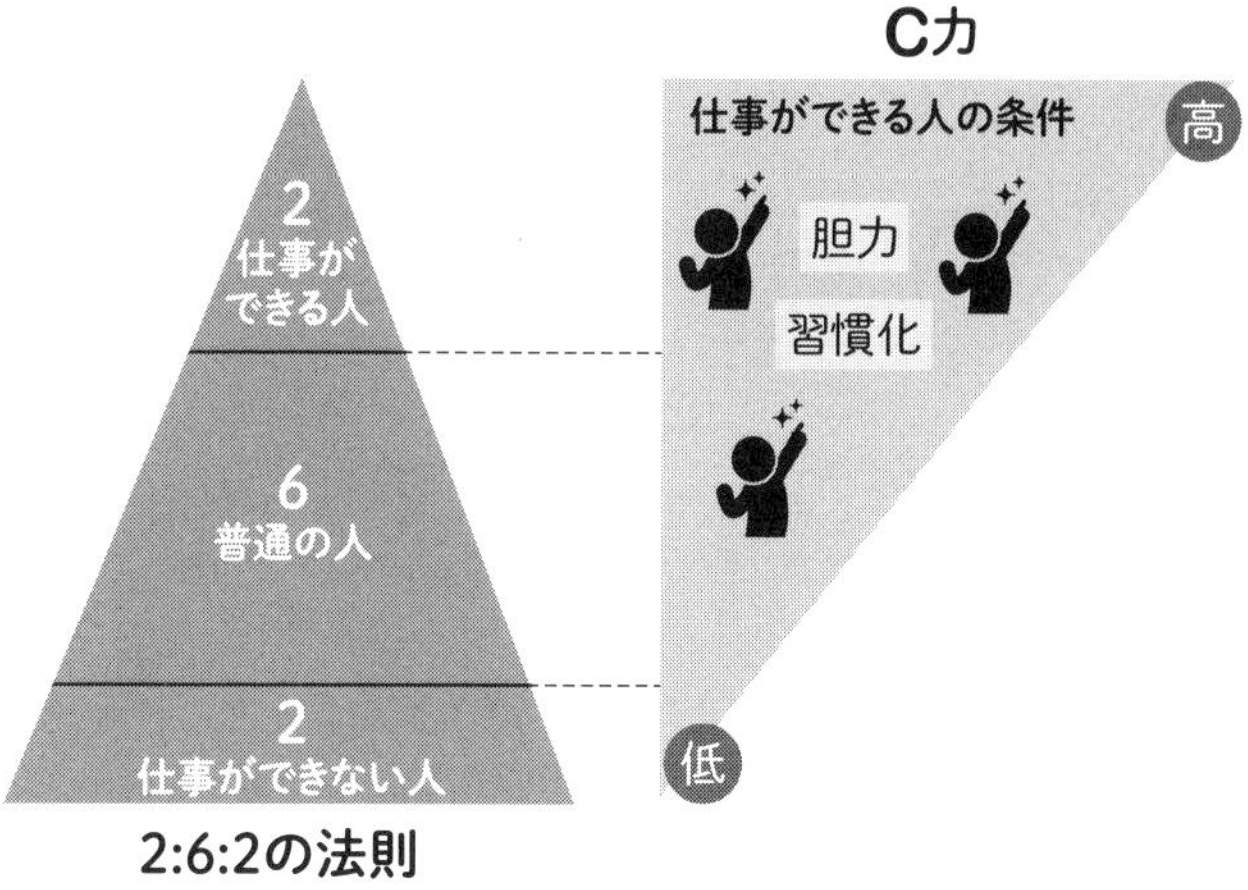

組みによってＰＤＣＡを実践します。自分は仕事ができると思っている人でも、実は仕組みによって仕事ができるような気になっている場合が多いのです。

③については言わずもがなですが、個人がＣ力をつけることが組織の発展につながります。だからこそ組織としてＣ力の高い人を登用することは重要といえます。

一方で個人の強いＣ力のみに依存して組織の発展を図るというのは、あまりにもリスクがあります。組織として成果が得られるよう、ＰＤＣＡサイクルを回す仕組みを考え、制度を導入しておくことも大切なのです。会社の発展には個人のＣ力の強化と組織によるＣ力の強化の両輪が必要です。

そして、個人においてはセルフチェックを意識し、実践していくことがC力向上につながります。仕事ができる人は、経験や知識を兼ね備えており、仕事の考え方や進め方に違いを感じるものです。これはＰＤＣＡの「Ｃ」を重要視しているともいえます。厳しい言い方をすれば、仕事も含め、あらゆる物事は正しい考え方や進め方を身に付けていなければ、努力しても成果は得られません。ＰＤＣＡにおける「Ｃ」の重要視はその最たるものといえます。

3-3項 C力で仕事の重要ポイントを押さえる

仕事には、絶対に外してはいけないツボがいくつもあります。経験が豊富な人は体に染みついていますが、一朝一夕に身に付くものではありません。ＰＤＣＡに当てはめても同じです。ＰＤＣＡサイクルを確実に回すためには、しっかりとした計画を立てるだけでなく、Ｃを実行するスキルが決め手になることを忘れてはいけません。Ｃの実行こそがＰＤ

ＣＡの重要ポイントなのです。これについて、少し詳しく説明します。

業務のミスや遅延を防止したり、トラブルを回避できたりするような、Ｃ力があるプロジェクトリーダーは、時には部下やチームメンバーにさまざまな指導をし、確認事項の伝達を繰り返しするため、敬遠されることがありますが、きめ細かく人が気付きにくいことを先回りしてチェックできる人です。人はチェックされずにいるほうが楽に感じるものですし、チェックされるのはいい気分ではないこともあります。しかし、Ｃ力のある人こそが、組織内の問題点や起こりうるリスクを未然に察知して、ＰＤＣＡをしっかり回しているのです。当然ですが、Ｃ力のある人が多いほど強い組織であるということです。

Ｃ力がついている人は、仕事の胆力がついています。胆力とは、少々のことで恐れたり、尻込みしたりせずに行動できる強い精神力のことです。仕事が重なって忙しいときでも、平時と変わらず丹念にチェックできるのが本当のＣ力です。どんなときも粘り強くチェックを継続できるため、Ｃ力が高いレベルで習慣化されているのです。チェックすべきポイントが常に頭に浮かび、たとえチェックリストにないことであっても、リスクを予見してチェックすることができるのです。

チェックできる人は、何よりも仕事の重要なポイント、ここを外したら後がないという勘所をしっかり押さえています。これを当社ではクリティカルポイントと呼びます。プロジェクトマネジメントで考えると、プロジェクトを順調に動かすためには、クリティカルパス（プロジェクト内で最長となる経路のこと。スケジュールを組む上で最も弊害となる）を押さえる必要がありますが、これと近い考え方がクリティカルポイントです。

要するに、C力がある人は、ＰＤＣＡを確実に実践できる人です。定期的に業務の棚卸をして、チームで仕事をする際はチーム全体のスケジュール、個人の場合は個人のスケジュールを丁寧にチェックする、問題点がないか見回してみるなど、日ごろからC力を高めていく努力を継続しています。チェックの習慣化を行うこと

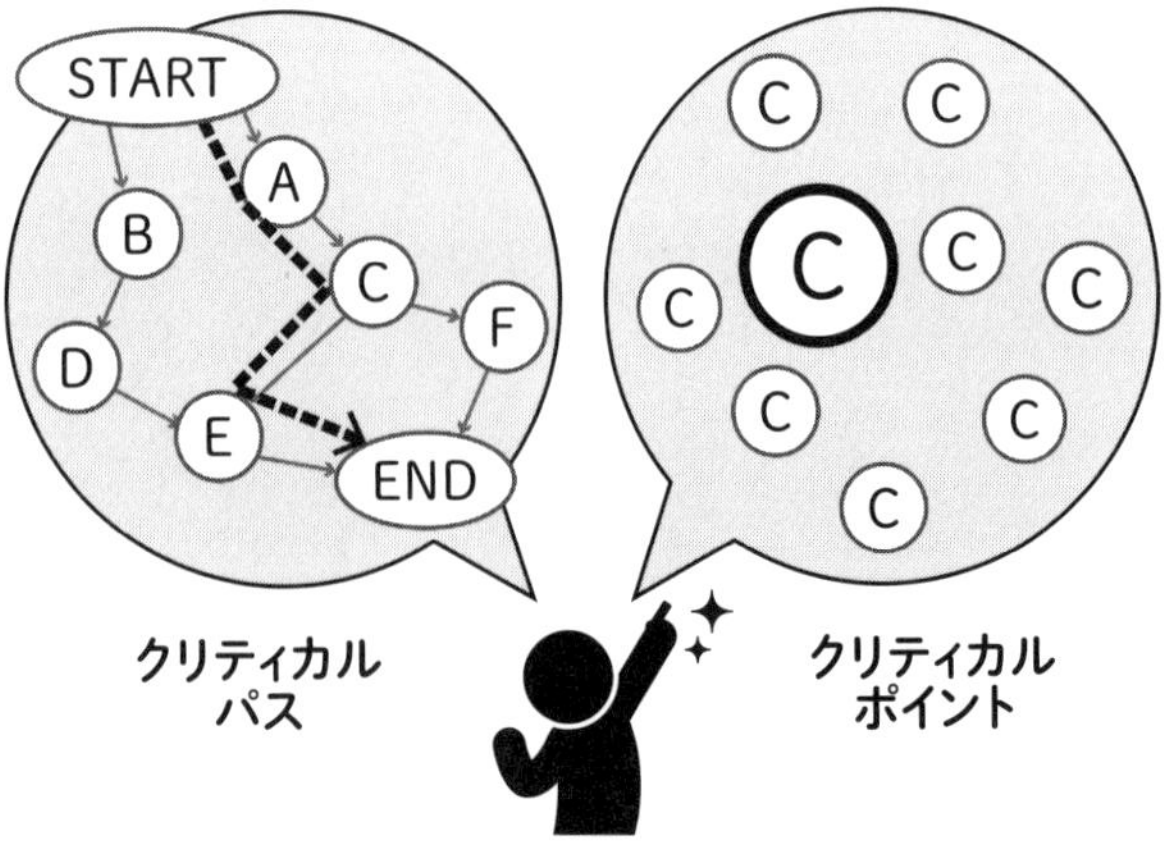

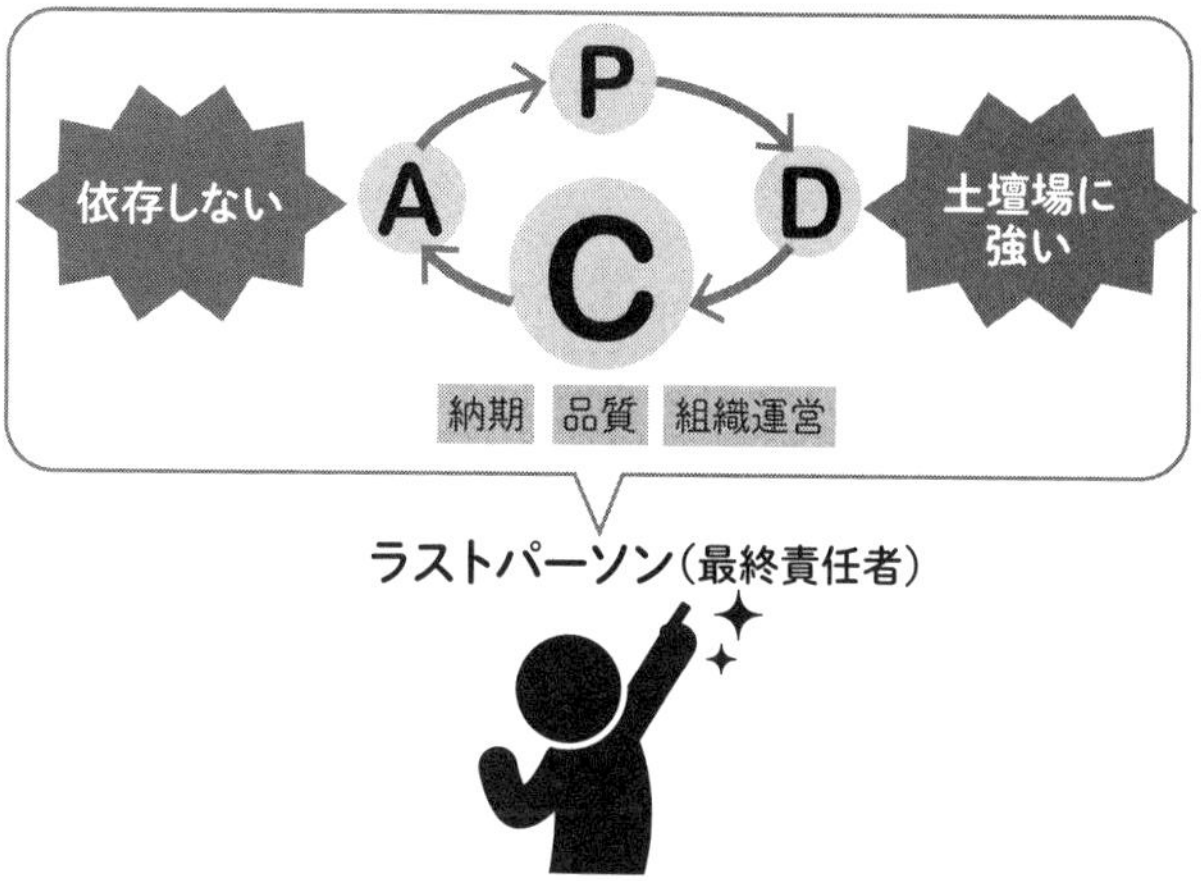

で、ＰＤＣＡの実践力が確実に身に付いているのです。

3-4項　ラストパーソンはC力が決め手

「ラストパーソン」とは仕事における責任者のことを指し、会社組織の中では社長が最終責任者でラストパーソンです。社長が会社組織で発生することすべてに責任を持つことで、ステークホルダー（利害関係者）に対しての約束を果たし、企業価値を高めています。そこには、甘えや依存はありません。仕事をスキルアップするための最短コースは、自分が社長と同様のラストパーソンとしてチェック機能を果たす仕事をすることです。

モノづくりのプロジェクトで考えてみましょ

う。顧客への納品物の品質を担保し、約束の期日通りに納めるのは当たり前です。しかし、納品物のチェックが未完了のままでは、納品できません。結果、納期遅延ともなれば信用を失います。仮に連日徹夜が続いたとしても、すべてのチェックを実施し、品質が保証されたものとして納期通りに納められる人がラストパーソンです。組織運営において、C力が優れ、チーム全体をミスなく導き、成果を生み出すことができる人、つまりラストパーソンが高報酬を得るのです。

では、どのようにすればラストパーソンになれるのでしょうか。上司に資料を提出し、赤入れをされて資料が戻ってきた経験は誰にでもあるはずです。赤入れをされているレベルではラストパーソンになるどころか、組織に貢献もできず、仕事スキルは上がりません。ラストパーソンへの第一歩は、まず自分で自分の資料に赤入れをする、つまり自分の仕事に対するC力を身に付けることです。そして次に、疑うこと。自分の成果物のどこかにミスがあるのではないかと疑い、第三者の視点でチェックをすることです。ラストパーソンとは、自らの業務のチェックはもちろん、チーム全体のチェックが完璧にできる人です。いつまでも自分の仕事をチェックされ、何度もやり直しになる仕事が楽しいでしょうか。

自らのＣ力のレベルを上げ、自らがラストパーソンとして責任のある、スマートな仕事をする存在を目指しましょう。

いつも誰かがラストパーソンとして存在し、自分の仕事を見てくれる、ミスをしてもヘッジしてくれるという「甘え」がある限り、一流のビジネスパーソンにはなれません。依存した状態で仕事をし続ければ、悪いクセがつき、結果的に仕事でミスを連発する、雑な仕事をすることになりかねませんし、土壇場での踏ん張りもきかなくなります。「ラストパーソンに依存する人」になってはいけません。今一度自分の仕事を見直してください。失敗は誰にでもあります。しかし、いつまでも失敗の尻拭いをしてもらっている状態では、成長しない、仕事を任せてもらえない、楽しくない、という悪循環にはまるのは明らかです。

Ｃ力を身に付け、ラストパーソンとしての責任を果たしていく存在を目指しましょう。それができれば自分自身が人から信頼され、頼りにされる存在になります。それは会社組織にとって何物にも代えがたい財産となるはずです。

全社員がラストパーソンの意識を持って活動する会社を目指しましょう。

3-5項

Do-Checkの習慣化から始めよう

ＰＤＣＡを意識しつつ、Ｃを実行するスキルは一朝一夕では身に付きません。

そもそも仕事スキルは働いている限り向上し続けるのが理想ですし、実際、仕事のプロは仕事スキルが継続的に向上しています。それには時間がかかり、継続的な根気も必要ですが、成長に上限はないのです。

第1章で事例として取り上げましたが、スポーツの基礎トレーニングは、いつからでも比較的簡単にスタートでき、やればやるほど効果も見えてきます。『仕事のいろは』（拙著、カナリアコミュニケーションズ刊）では、仕事のスキルアップはスポーツで考えると分かりやすいと解説しています。

野球でいえばキャッチボール、サッカーでいえばドリブルやシュートの練習が基礎トレーニングです。3―1項で説明したＣ力も仕事スキルの基礎と考えると、今からでもすぐに基礎トレーニングを始めるべきです。

さて、日常生活でも仕事でも、第2章で触れた通り、チェックをせずに放置することが多くあります。スポーツでたとえると、ベテランになったとしても、欠かさず行う基礎トレーニングがＤ、Ｃです。

一般的に、Ｄだけやりっ放しの人は、大雑把でいい加減という印象が付きやすいものです。ＤからＣを行うことが習慣化されていない人であっても、ＰＤＣＡサイクルを回しているように見えることもありますが、これはにわかには信じがたいことです。

ＤＣの習慣化に有効といえるのが、ここまでも度々取り上げてきた日報です。社員としては半ば強制的なものかもしれませんし、特に新入社員にとっては苦痛に感じることもあると思います。しかしながら、上司にとっては「比較的あいまいだった学生時代の生活習慣を改め、ス

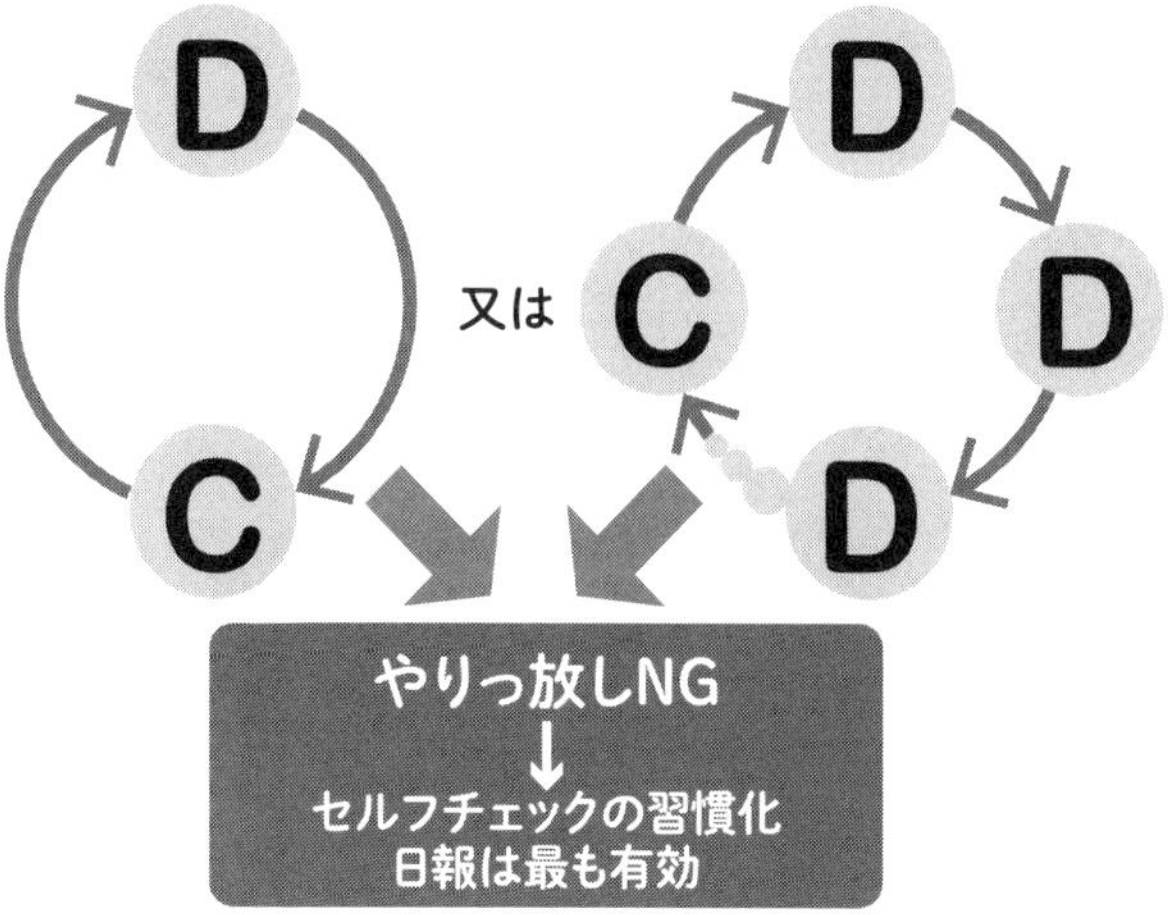

ムーズに仕事ができているか」「仕事について正確に理解できているか」「仕事への想いや考えはどうか」などをチェックしやすいツールとして有効といえます。

3-6項 チェックリストの威力を知る

前項の日報に加えて、もう一つ有効なのが「チェックリスト」です。社会人なら一度は使ったことがあるでしょう。ただ、一般にも広く認知されていることもあって、どれだけ効力があるかについて気付いていない人も多いように思います。内容や目的によって異なるものの、確認項目に対して「レ」点などを記入し、判定します。これによって何かをするときに「必要になるモノ」や「必要になる行動」を効率的に漏れなく確認するためのツールなのです。

『アナタはなぜチェックリストを使わないのか？』（アトゥール・ガワンデ著、晋遊舎刊）の日本語翻訳版の装丁には、大きくレ点が書いてあり、まるで「きちんとチェックしていますか」と問いかけられているようなインパクトがあります。

チェックリストの使い方はさまざまで、日常では旅行時の持ち物確認や買い物リスト、

トイレ清掃のためのチェックリストを用いて、作業に漏れがないかを効率的に確認しています。

健康診断のアンケートなどがあります。ビジネスでは、安全確認やイベントにおける準備物の確認、出欠確認など至るところで使われています。また、最近では新興国などでもよく見かけるようになりました。例えばすでに先進国になっているシンガポールの空港では、当たり前のようにトイレに清掃のためのチェックリストがあります。このように先進国に発展する過程では当たり前に活用されています。

このチェックリストについては、継続して使い続けているという人は意外と少なく、軽視されている風潮があります。前掲の書籍『アナタはなぜチェックリストを使わないのか？』では、「チェックリストがどんなに効果があると分かっていても、皆、チェックリストを嫌う。人間味に欠け、人をロボットにしてしまう感じがするからだ」と綴っているように、多少の嫌悪感が背景にあるようです。

しかしながら、プロフェッショナルと言われる人たちは、必ずと言っていいほどチェックリストを活用しています。例えば、絶対にミスの許されない医療現場の医師や旅客機のパイロットは、単純な「チェックリスト」を日々確認することで、日常に起きるミスを減らし、事故や危機から人を救っているのです。他にも、経営者、投資家、建築家、料理人などあらゆるプロフェッショナルがチェックリストを使っています。

チェックリストには2つの絶大な威力があります。一つめは次の項でも詳しく説明しますが記録であるということです。記録されたチェックリストに任せ、別の重要なことに集中できます。必要最低限の作業チェックリストを作っておけば、「トラブル時はどうやって対処するのか」と四六時中不安を感じながら仕事をする必要はなくなり、重要なことや緊急対応にも集中できます。

二つめは確実に作業を遂行できることです。仮に100個のするべきことがチェックリストに書かれているとして、消し込みを習慣化していれば、作業漏れが発生することはありません。当然、ヒューマンエラーの撲滅にもつながります。

仕事ができる人は、まちがいなくチェックリストを活用しています。個人のチェックリストだけでなく、組織で必要なＴｏＤｏがリスト化され共有されていて、部署や担当者の必要な業務が抜け落ちないようにチェックする仕組みがあることが、ＰＤＣＡサイクルを確実に回していくことができるカギなのです。

3-7項　記録はチェックのよりどころ

ここまでＣ力がいかに重要な仕事のスキルであるかを述べてきましたが、Ｃ力は個人差があります。この差をカバーするのは「記録する」ことです。つまり、記憶に頼らない記録による仕事スキルを身に付けることです。

よく言われることですが、仕事ができる人の多くがメモ魔と称されるほど記録を習慣化させており、手帳やメモ帳を必ず携帯しています。「私は記憶力が良いから」と自信がある人ほど記憶に頼ってしまった結果、うっかり忘れてしまうというミスを起こします。また､｢言った､言わない｣のトラブルで記録がないのは､ビジネスシーンにおいて命取りです。プライベートの記憶力とビジネスの記憶力は別物と捉えるべきでしょう。

記憶には限界があり、間違える可能性もあります。だから約束ごとも記憶では成立しないのです。忘れました、間違えましたでは社会人として失格です。記憶に頼って仕事をすると、いつか重大なミスを犯すことになります。

一方で記録には限界はありません。多くの人が経験し実感している通り、記録することで間違える可能性は明らかに低くなります。さらにいえば、記録の正しさが管理する効果を高め、目標達成にもつながっていくのです。例えばダイエットに挑戦している人が、わずか数日でも体重を記録したならば、数ヶ月経っても記録した体重を覚えているでしょうし、それを指標として今の体重を比較するということがあると思います。この記録が毎日となれば、体重を管理するということが可能になり、ダイエットの成功につながることでしょう。

では、どのようなとき記録が必要でしょうか。日常の仕事を思い返してみると、

・会議で決まったこと

・上司から受けた指示
・聴講したセミナーの内容
・電話で話した内容

など、さまざま挙げられると思います。このうち、会議で決まったことを記録しないと仮定すれば、提示されたプロジェクトの詳細、行動計画、納期などをいくら正確に記憶し、記憶に基づいてチェックしたとしても、正確さには疑問が生じます。また、そうした中で仕事の進捗を確認したとしても、進捗状況がどうであるかを判断することはできません。さらには数字や納期の記憶が違っていれば、取り返しのつかない問題に発展するかもしれません。

一方で記録を取っていれば、会議で幾つか指示を仰いだとしても、一つずつ消し込みが可能

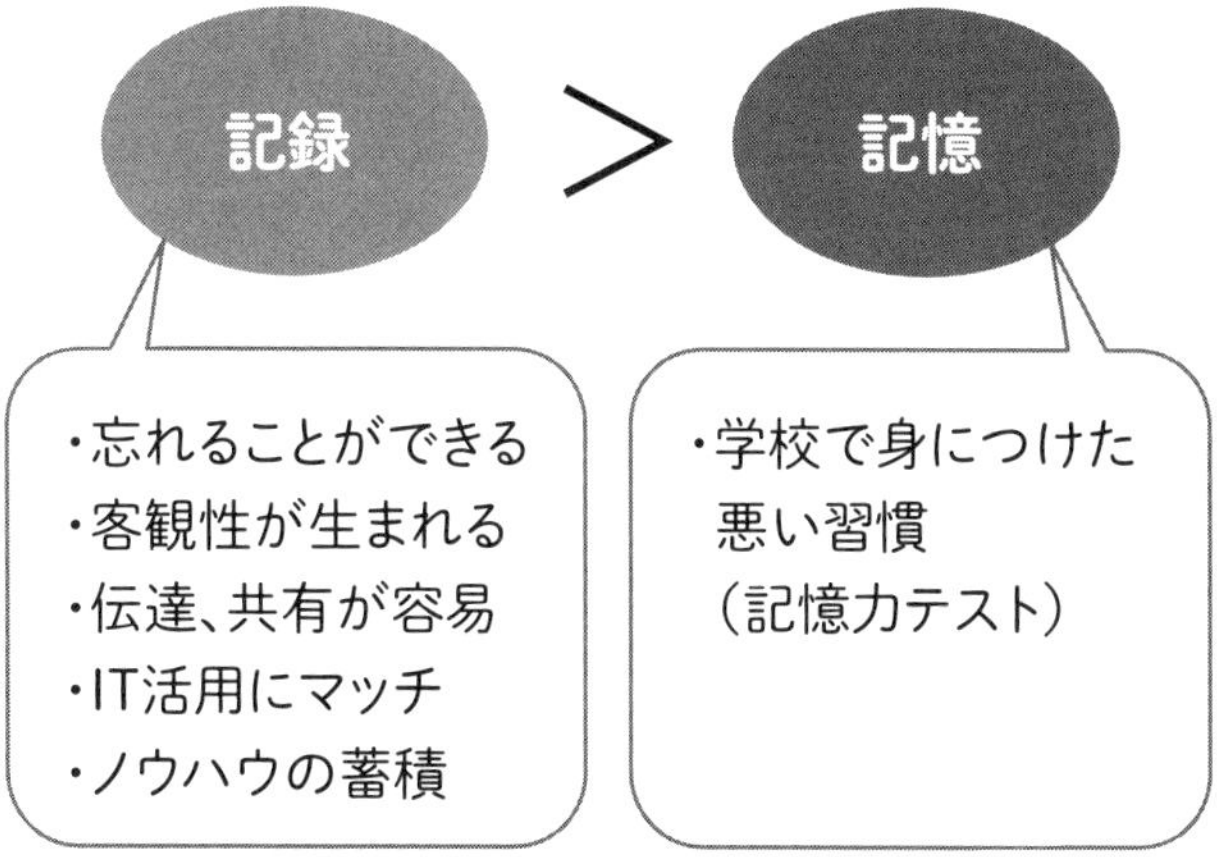
記録
＞
記憶
・忘れることができる
・客観性が生まれる
・伝達、共有が容易
・IT活用にマッチ
・ノウハウの蓄積
・学校で身につけた
悪い習慣
（記憶力テスト）

となり、仕事をスムーズに進められます。チェックをするためには記録が最も重要なのです。そう考えていくと、先に挙げた４つはいずれもメモを取って記録するべきものであり、「○○だから記録しよう」という意識づけをするというよりは、習慣として身に付けていくことが基本となります。

さらに、記録には多くの副産物があります。客観的な思考ができる。事項の伝達、共有化が容易にできる。ＩＴ活用にマッチする。そして、ノウハウの蓄積にもなります。目の前の仕事のためだけでなく、生み出した情報やノウハウを未来に継承する役割も果たすのです。会社は中長期計画のもと、事業活動の結果から得たノウハウを蓄積する必要があります。今の仕事ノウハウが記録として残っていれば、記録をチェックし、改善・改良することで組織が成長できるのです。仕事とは何事においても記録に照らしてチェックを行う。これが王道です。

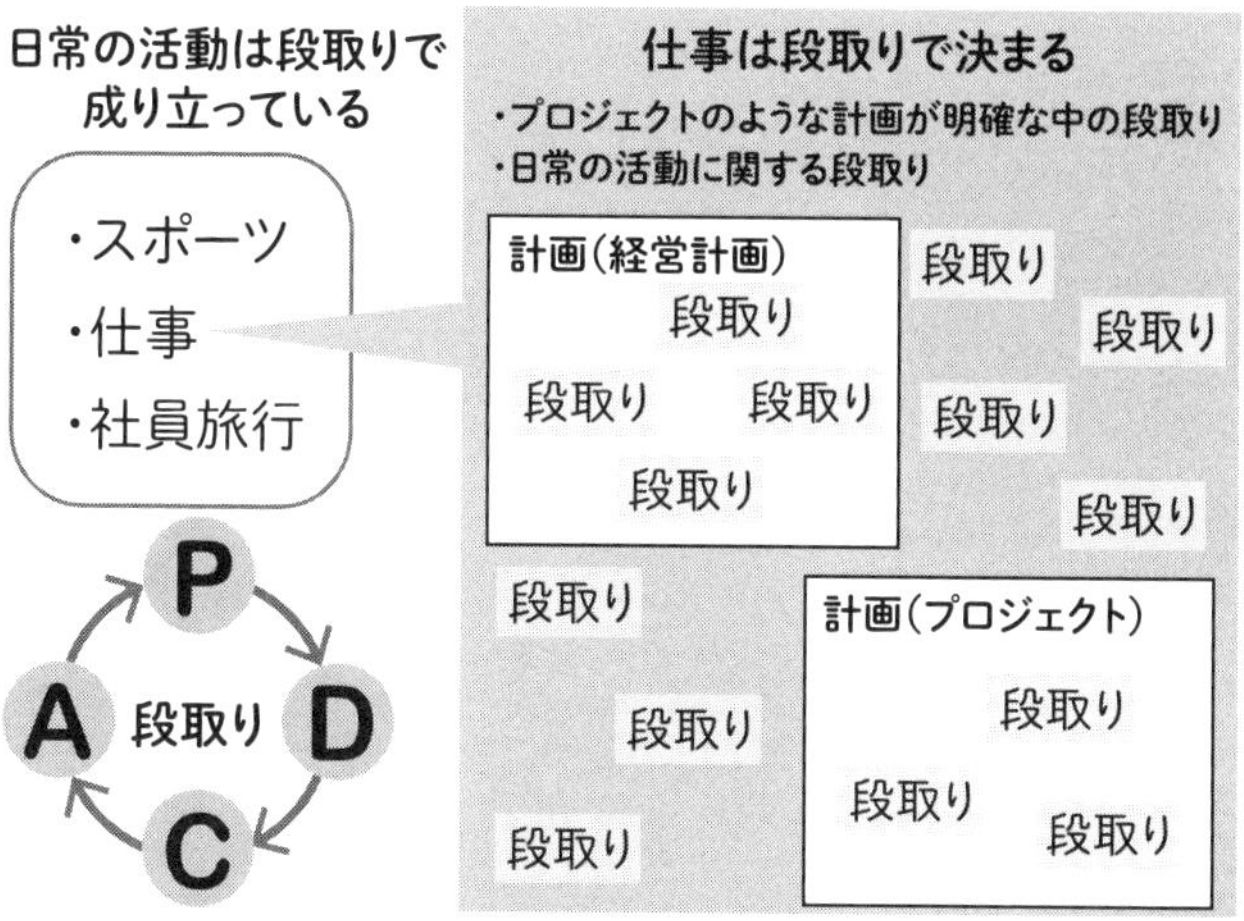

3-8項

段取りで仕事は決まる

仕事は90％段取りで決まるといっても過言ではありません。段取りなく仕事が成功する確率はとても低いのです。例えばプロのスポーツ選手の段取りを考えてみましょう。シーズンを通して試合に出場し、好成績をあげるための段取りとは何でしょうか。日々の健康や栄養を管理し、その上で毎日欠かさず基礎トレーニングをし、試合に向けての準備を行います。その準備こそ本番で実力を発揮する源です。プロは並々ならぬ努力で準備と訓練を徹底して繰り返しているのです。生まれながらにして優れた能力を備えていたとしても、毎日の準備と訓練を続け、基礎体力と基本スキルを身に付けているのです。日々の準備と訓練の繰り返しがプロになる第一歩です。

このように、段取りとは仕事のゴールをしっかりイメージして、円滑に進めるために行うさまざまな準備のことです。仕事のプロは結果を出すために毎日段取りを行います。上司があなたよりも仕事ができるのは、「段取り」の場数を踏んで実践してきたからともいえます。

段取りは、計画と同一の意味と思うかもしれません。英語で表現すると違いが分かります。計画は、プラン（Plan）で、目標という意味もあり、詳細を説明されていない状態のことを指します。段取りは､プロシージャ（Procedures）もしくはステップ（Steps）で、計画を実行する方法についての細かい手順あるいは手法という意味があります。

ＰＤＣＡに照らして段取りを考えてみましょう。段取りもせずにスタートした仕事はチェックができません。曖昧なまま準備もなく仕事を進めると思わぬトラブルが発生し、品質が落ちます。また準備のない仕事ほど緊張感の緩むものはないのです。

例えば社員旅行をするとします。社員旅行が計画通りに進行し事故がなくて初めて、全員が満足できるかどうかが決まります。予算・日程・人数・移動方法・ホテル・食事・宴会プログラムなどの段取りを行ったとしても、チェックをしなければ社員旅行はどうなるでしょうか。当然ながら成立しません。また、段取りとは各工程で行うものです。朝８時に集合したとしましょう。集合時の段取りとは何でしょうか。次の移動場所や当日の全体予定、昼食など、全員へ説明し、確認をすることで、旅行全体が混乱せず、スムーズに進行するのです。

段取りは仕事上のさまざまな場面で必要です。定刻に会議を実施するための段取り、昼食後、仕事に戻るための段取り、飲み会をするための段取りなど、段取りのない仕事はありません。段取りすべきチェック項目をリスト化して、すべて事前準備をして確認することが必要です。また段取りが正しいかどうかもチェックしなければ成功しません。あなたは何となく行動していませんか。段取りとチェック力は日々の努力と継続で上達します。段取りのプロフェッショナルを目指しましょう。

3-9項　マニュアルはＰＤＣＡで成長する

業種にもよって多少はありますが、企業にはマニュアルというものが存在します。製造業であれば生産や機械操作についてのマニュアル、飲食業であれば接客や調理に関するマニュアルなどがあります。創業したばかりで、事業展開しながらマニュアルを作成するということがあるかもしれませんが、早い時期において一定のマニュアルを作成することでしょう。こうしたマニュアルは、ＰＤＣＡサイクルと関係性が深く、業務改善にも大きく寄与します。

マニュアルを論じる際に、必ずと言っていいほど登場するのが、世界ブランドのファストフード店におけるマニュアル活用事例です。シンプルにまとめると、組織として均一に質の高い接客や顧客対応に関して、挨拶の仕方、受け答えなどを事細かくマニュアル化しています。そして、社員は言うまでもなく、アルバイトスタッフも徹底した教育のもと、現場ではマニュアルに沿った接客をしています。こういった全国規模で多店舗展開のサービス業であると、マニュアル活用の効果はとても分かりやすいです。日本中どこの店舗に行っても同じような接客が受けられますし、ブランド力の向上にも貢献します。まさに当社が推奨するヒューマンブランドの構築の最高の事例です。

一方、デメリットも存在します。サービス系企業でよく言われるのが「ハンコを押したような対応」というものですが、本来は顧客ごと、状況ごとに変えるべき対応が画一化し、親しみや人間味に欠けるものとなってしまうのです。現場の創造力がそがれるという考えもないわけではありませんが、マニュアル活用は臨機応変に、という考え方が大切です。

これらメリット・デメリットを比較したとしても、マニュアルについては得られるメリットのほうが多大にあります。しかしながら、一般的な中小企業はマニュアル活用がとても苦手です。

マニュアル活用を進めるためにやるべき活動は、大きく分けて、2つのステップがあります。

最初のステップは、マニュアルを作ることです。中小企業で陥りやすいのは、あの業務や専門スキルはあの人しか知らない、担当者に何かあっても業務内容が分からず代わりができないという状況です。相変わらず現場では往々にして、経験・勘・度胸の世界が横行しています。言い換えれば、形式知ではなく暗黙知の仕事が現場を支配することになり、組織での共有が極めて困難になります。

また、平時は何も問題がなくても引き継ぎなどで顕著に表れることもあります。企業経営の先の価値の創造を考えるとマニュアルの重要性はますます高まります。マニュアル化を進めるためには、会社として付加価値の増大や将来に備える業務としても、正式に予算化しプロジェクトとして認めないといけません。マニュアル化を現場や社員の個別の裁量に任せていると、たちまち、あちらこちらに内容や基準がバラバラのマニュアルが散在して、使い物になりません。業務やさまざまなノウハウが属人化しないように、マニュアル化することが大切です。

次のステップとしては、作ったマニュアルを活用するということになります。ファストフード企業の事例を挙げましたが、このケースは流石一流企業であって、形骸化するようなことは起こりにくいです。これは、まちがいなくＰＤＣＡが機能しているのです。つまり、マニュアル通りに日々の業務が遂行できているかどうかのＣが確実に機能しているのです。しかし、一

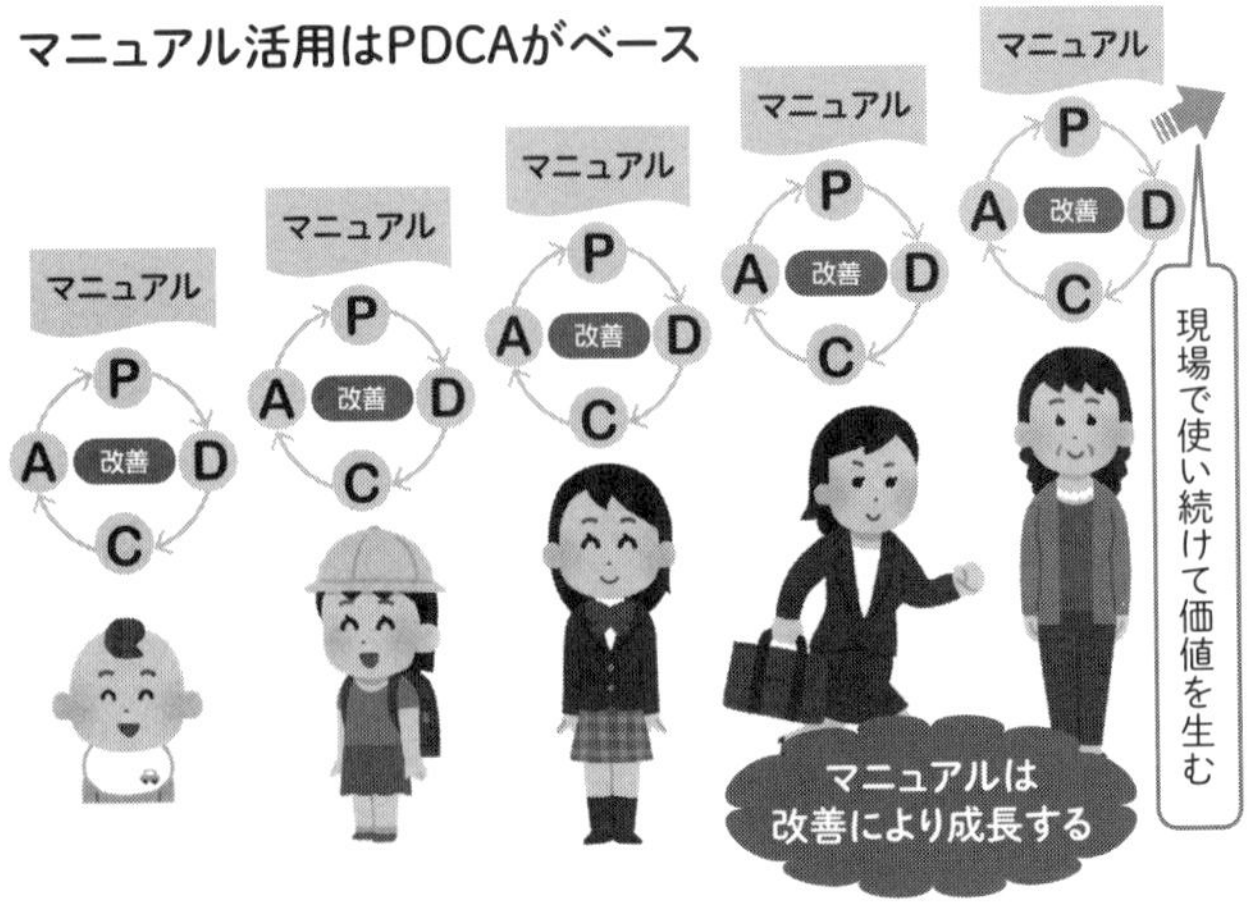
マニュアル活用はPDCAがベース
マニュアル
P
D
C
A
改善
現場で使い続けて価値を生む
マニュアルは
改善により成長する

般的な中小企業はうまく活用できず、形骸化することが少なくありません。

またマニュアルに依存するマンネリ化も深刻な問題です。業務の慣れで起こる問題もあります。特定の業務に精通してくると、次第にマニュアルに忠実でない仕事が増加していくのが人の常です。だからこそ、マニュアルの改善がとても重要なのです。これはＰＤＣＡのＡにあたる部分です。Ａを適宜行わないままにしていると、マニュアル活用が惰性になり、現場の実情や業務の内容と乖離が起こり、やはりマニュアルの形骸化を引き起こします。

前ページの図の通り、マニュアル活用を人間の成長にたとえると、苦労してできた新規のマニュアルは赤ちゃんの誕生です。社員はマニュアルの親となって継続的に根気よく育てていく感覚が必要なのです。そうすることで、社員もマニュアルもＰＤＣＡサイクルにのっとって成長していくのです。

3-10項　ホウ・レン・ソウもＰＤＣＡの一環

ホウ・レン・ソウとは言うまでもなく、日本の新入社員に徹底的に叩き込まれる報告・

連絡・相談のことです。入社当初は、なかなかホウ・レン・ソウが身に付きませんが、日本の仕事ができるビジネスパーソンの常識です。トヨタ自動車のような世界の一流企業では至極当たり前のことです。まれに、日本にある外資系企業でホウ・レン・ソウは必要ない、社員にすべてを任せるといった経営方針の会社もありますが、これは特殊です。ホウ・レン・ソウとは仕事の基本であり確実に身に付けることは、仕事ができる人になるための第一歩です。

では、ホウ・レン・ソウで一番重要なのは何でしょうか。それは報告です。なぜなら、仕事はチームで活動するものであり、報告があるからこそ責任者は円滑にＰＤＣＡサイクルを回せるからです。プロジェクトやチームの責任者は、活動全体の点検に責任があります。チームのメンバーは、プロジェクトの責任者、またしかるべき人に対しての報告が必須です。

ホウ・レン・ソウを自分が行き詰まったとき、不明点が出たとき、問題が発生したときだけするのは、自分都合の行動です。特に報告は相手のためのものです。現状報告、結果報告は、すべてしかるべき人が受けることで、プロジェクト全体が指揮できるのです。

もう一度飛行機の事例で考えてみましょう。エンジニアが飛行機の点検をし、パイロットに報告をします。相談ではなく、タイムリーで正確な報告です。それがなければパイロットはコックピットから出て、自ら機体の点検をしなければなりません。それはパイロットにとっては役割が違い、チームにとって非効率な動きです。通常のビジネス活動も同様で、社長や責任者が円滑に会社を運営するためには現場のタイムリーで正確な報告が一番重要なのです。従って、それができる人は優秀だといえます。

経営の現場では社長をパイロットにたとえたコックピット経営を志向する会社が多いのはこういう理由でもあります。

タイムリーかつ正確に報告をするスキルには、個人のＰＤＣＡをセルフチェックするＣ力が含まれています。自分の業務を自分で正しくチェックできなければ、業務が滞り、問題が発生します。

では、自らの報告業務に関するＣ力とは、どのようなものでしょうか。それは、やるべき業務が正しく遂行されているかを確認することです。記録をもとにチェックをし、数字や時間を報告することになります。ここで「完了しました」だけの報告ではなく、例えば「○○名分のデータ入力作業が○○時に完了しました」と数字と時間を伝えることでより精度の高い報告にもなるのです。

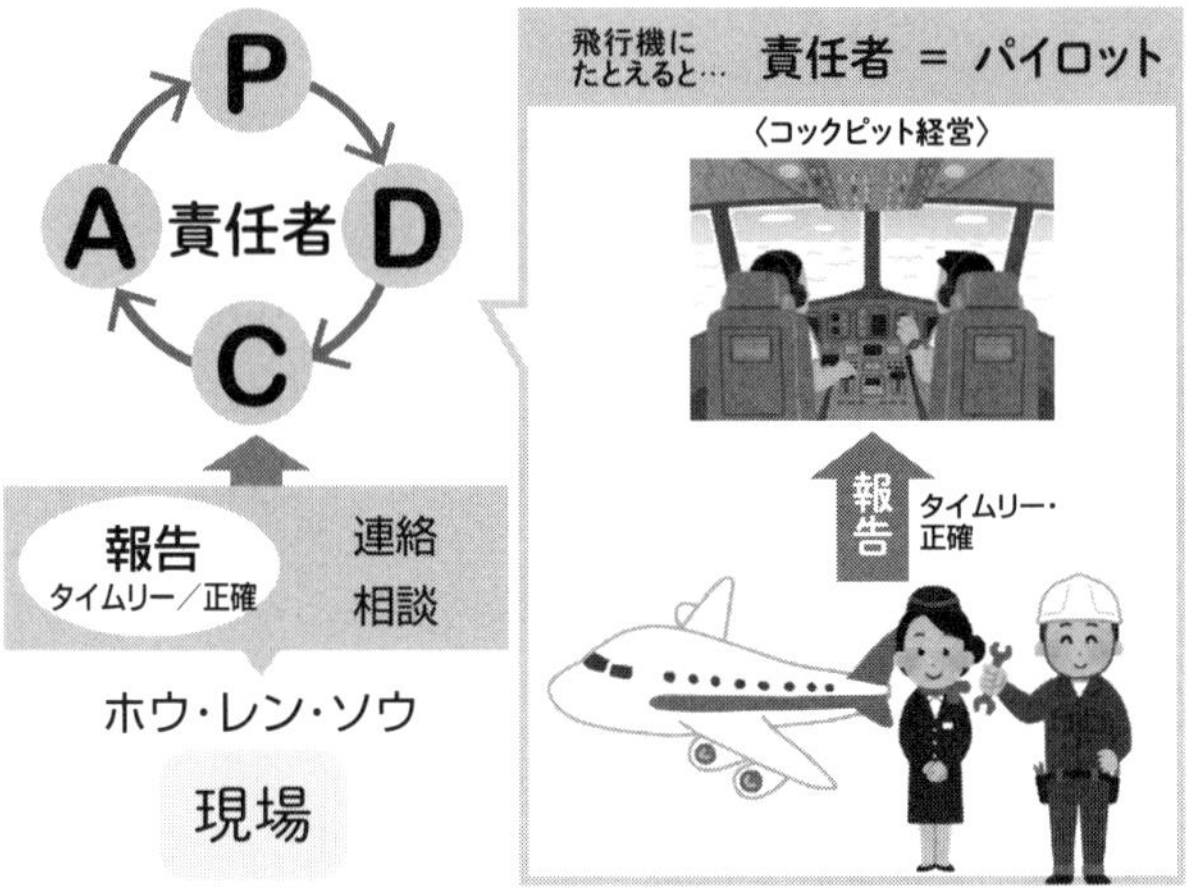

少し振り返ってみてください。自分が作成した資料は100％満足がいくようなクオリティでしょうか。上司から毎回のように指摘を受け、差し戻されていませんか。資料の社外秘の記載有無や宛名、頁数、日付、文責、数字、すべて自分自身でチェックできているでしょうか。

仕事においては、すべては自分の責任と捉える姿勢が大切であり、正確な現状把握と報告が大切です。まずは自分自身のC力を上げ、ケアレスミスを撲滅し、正確に報告する習慣を身に付けましょう。それがチームの活動に貢献する第一歩です。

3-11項

リスク察知力を磨く

トラブルやクレームなどを回避するリスクマネジメントの一つで、多くの人が知る言葉に「ヒヤリ・ハット」というものがあります。

ヒヤリ・ハットとは、危険なことが起きたものの、幸い事故には至らなかった事象のことで、「ヒヤリとした」「ハッとした」という2語からなる言葉です。重大な事故が起こる前の予兆と言われています。

「ヒヤリ・ハット」を説明する上で覚えていただきたいのが、「ハインリッヒの法則」です。もしかしたら、建設現場や製造業など現場作業が伴う職種の方は、新入社員のときに労働災害の研修等で学ばれているかもしれません。

ハインリッヒの法則とは、事故の発生について論じられる際の統計に基づいています。これは「表立ってマスコミを賑わせるような重大事故が1件発生した場合、その陰では29件の軽微な事故が発生しており、さらにその陰ではヒヤリ・ハットの経験というものが300件ほど発生している」といった内容です。このハインリッヒの法則が分かりやすいのは、何といっても医療、建設、電車や車を運転する現場など、常に大事故のリスクと隣合わせになっている業種に当てはまっていることです。

例えば、２００５年に多くの死傷者を出したＪＲ福知山線の脱線事故がありました。その後の調査によれば、脱線事故前には、停止線できっちりと停まれなかったオーバーランや減速するはずのカーブでのスピード超過など、３００件以上ものヒヤリ・ハットが発生していたのです。オーバーランやスピード超過は運転手がヒヤリとする程度の些細なミスと捉えられ、報告もあがってこず、後々の事故調査によって初めて明らかになりました。脱線事故が発生しない限りは「運転手のみが把握していたミス」です。そ

見えている問題は
ほんの一部
今、見えている
事件・事故は、氷山の
一角にすぎない
海面レベル
=現状の認識
レベル
見えていない
部分を把握し、
先手を打って顕在化
させないことが
重要
【問題】という
名の氷山

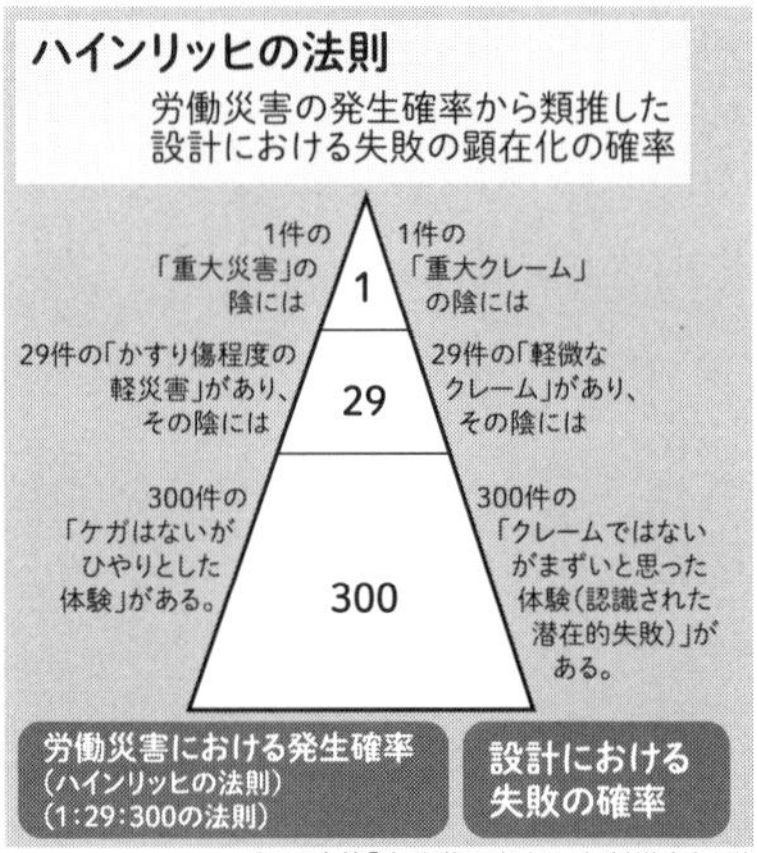
ハインリッヒの法則
労働災害の発生確率から類推した
設計における失敗の顕在化の確率
1件の
「重大災害」の
陰には
1
1件の
「重大クレーム」
の陰には
29件の「かすり傷程度の
軽災害」があり、
その陰には
29
29件の「軽微な
クレーム」があり、
その陰には
300件の
「ケガはないが
ひやりとした
体験」がある。
300
300件の
「クレームではない
がまずいと思った
体験（認識された
潜在的失敗）」が
ある。
労働災害における発生確率
（ハインリッヒの法則）
（1:29:300の法則）
設計における
失敗の確率

出所：書籍『失敗学のすすめ』畑村洋太郎：著

ういったヒヤリ・ハットを積み重ねていった結果、脱線事故という大事故につながってしまったというわけです。

それではヒヤリ・ハットを理解した上で、重要なこととは何でしょうか。

よく「ヒヤリ・ハットを防ぐ方法は？」との質問を受けることがあります。実はこの質問自体が、ヒヤリ・ハットの捉え方を間違えています。ヒヤリ・ハットは事故ではないので、そもそも防ぐ話ではなく、どれだけ見つけるかという話です。

むしろ、多く発見したほうが、事故につながる危険を見極めることができるのです。つまり観察力が鋭く、気付きが多い人ほどヒヤリ・ハットが多く、アンテナの感度が良い状態ということにもなります。当社ではこれをリスク察知力と定義しています。

詳細は『リスク察知力』（拙著、カナリアコミュニケーションズ刊）をご一読いただければと思いますが、氷山をイメージすると理解しやすいと思います。氷山を知らなければ、水面上に見える小さな部分だけで全体の大きさを想像してしまいますが、氷山の一角との言葉通りで、水面下には見えている部分よりはるかに大きな氷塊があるのです。これを知っている、あるいはよく観察することができれば、察知できると考えることができます。

これこそが、Ｃ力の原点でもあります。組織的なＣ力強化のためにもリスク察知力の感度を高めることは重要です。

3-12項 仕事スキルの最大の武器は習慣化

皆様はダイエットに取り組んだことはあるでしょうか？　少しやってみては自分には合わない、続かないと諦めたり、すぐに別の方法に変えたりと結果むなしく失敗することが多いのではないでしょうか？　そのためか、日本ではダイエットに成功する方法といったノウハウ本がよく売れます。それだけ失敗する人が多い証です。

先ほども記録の重要性について触れる際にも取り上げましたが、数あるダイエット関連本の中でも大ヒットしたのが、『記録するだけダイエット（実用百科）』（砂山聡監修、実業之日本社刊）です。ただ手帳に体重を記録すれば痩せるという内容ではありませんが、ダイエットに失敗した人の多くが、記録どころか体重計にすら乗らないのです。それでいて、世間的には時折ブームとなる偏った食事療法、断食、新しい運動方法・器具を数日試してみては、日々の変化を確認することなく、感覚的に効果を測っては自分にあわないと決めつけ、リタイアしているのです。

一方でこの本を含め、さまざまな方法でダイエットに成功する方がいます。ここでそれらの効果に言及することはしませんが、共通しているのは「毎日決まった時間に体重を量っている」ということ。自分の体重をチェックするという習慣が結果につながっています。

この場合、ダイエットするという目標が明確であることが、モチベーションとなって持続を後押しするのでしょうが、これが仕事となると難しいと思いがちです。本書をお読みの皆様も、ダイエットだけでなく日記や早寝早起きなどを行った際に失敗した経験を記憶していて、習慣化するということに苦手意識を持ってしまっているからでしょう。

しかしながら、私たちが日常的に、何気なく繰り返している行動も習慣の一つと捉えることができます。朝決まった時間に起きる、着替える、ご飯を食べる、歯を磨く、家を出る、乗り物に乗る、職場に行く、パソコンの電源を入れる、ＰＣアカウントにログインする……。

それらすべてが習慣なのです。それらを含め「行動の90％は習慣である」との言葉もあります。

そもそも脳は、怠ける癖があります。だから人間は、意識せずとも実行できるよう、習慣化し、脳を怠けさせないような仕組みになっているといえます。この習慣化も人間の機

習慣化（し続けること）の重要性

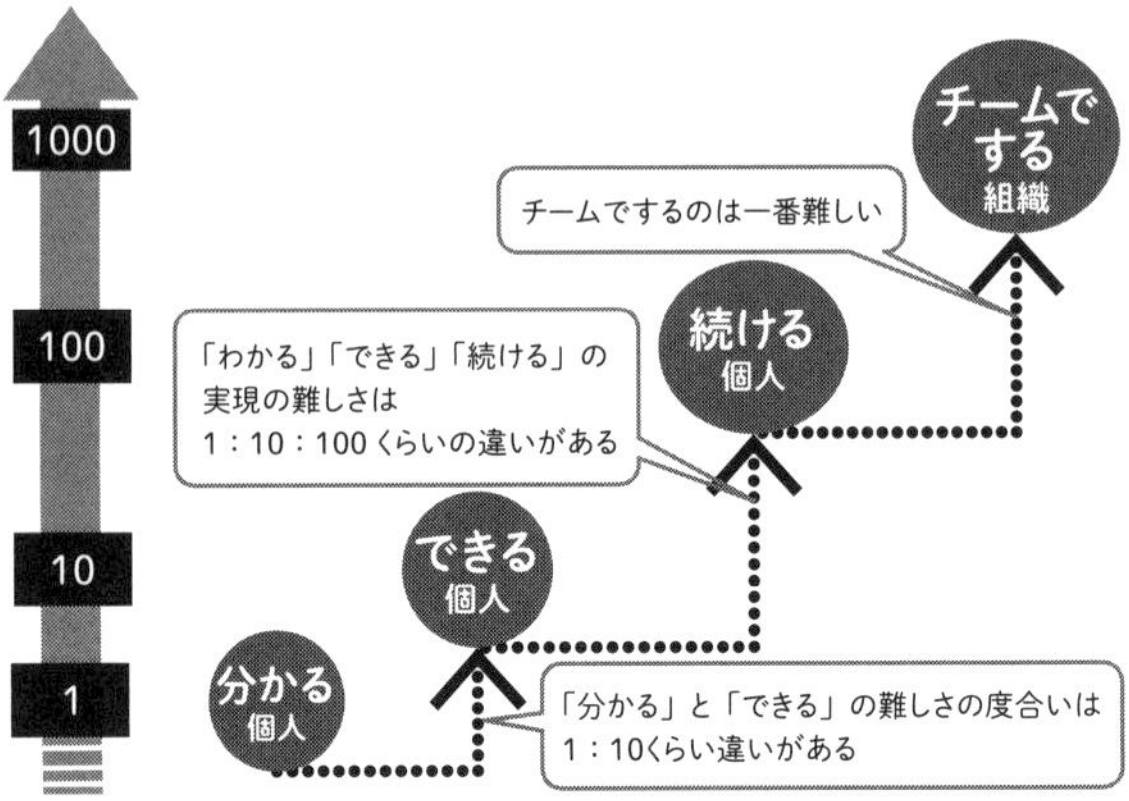
1000
100
10
1
チームでする
組織
チームでするのは一番難しい
続ける
個人
「わかる」「できる」「続ける」の
実現の難しさは
1：10：100 くらいの違いがある
できる
個人
分かる
個人
「分かる」と「できる」の難しさの度合いは
1：10くらい違いがある

能が邪魔することがあります。ホメオスタシス、日本語では恒常性維持機能と呼ばれますが、人間は生きていくために新しい習慣を身に付けることを阻害する力が働くようになっていると言われています。1―6項でも少し触れましたが人間の性弱説の一つの理由でもあります。だからこそ、習慣化のための正しいトレーニングが必要なのです。

　ビジネスの世界で結果を出している人、一流と呼ばれる人たちは、習慣化がうまくできています。習慣化ができれば、ビジネスで必ず成果をだせるといっても過言ではありません。

　例えば、ビジネスではよく使うＴｏＤｏリストがあります。「○月○日までにやらなければいけない仕事」など、仕事内容に期日を組み合わせてリスト化し管理していくツールです。スマートフォンのアプリとしてもメジャーな存在ではあるのですが、毎朝ＴｏＤｏリストを必ず点検する習慣がある人は少ないのです。1日のスケジュールを立てる際に前日に完了した項目を消し込む習慣がないと、整理もできません。

ダイエットの体重確認も、ビジネスでのＴｏＤｏリストの点検も習慣化してしまえば、意識せずとも行動していることになり、おのずと成果がついてきます。習慣化してしまうと鬼に金棒となるのです

もう1点、習慣化の重要性について別の視点から見てみることにしましょう。人間は習慣といえるまでの行動に至るまでのフローは、①理解→②実践→③習慣（継続）というルートを辿ります。

①から②への移行は、体感的に10倍ほどの難しさがあるといえます。これは「分かる（理解）とできる（実践）は違う」という言葉に表される通りで、容易に移行できると思いがちですが、そうではないことを経験で知るのです。

②から③への移行も、およそ②の10倍、①の１００倍くらい難易度に違いがあります。

それだけ習慣化は難しいと認識しておくべきでしょう。さらに個人単位ではなく企業全体で習慣化するというステージにまで移行できれば、さらに困難が生じるとはいえ、その分だけ成果が得られます。繰り返しますが、先のフローに④として企業での習慣を加えれば、難易度も成果も、その比率は１：10：１００：１０００の差があると理解しておきましょう。

3-13項 リーダーでCが弱い人は機能しない

すでに何度もお伝えしていますが、ＰＤＣＡの中で最も重要なポイントはＣ（チェック）です。組織の長はリーダーですから、ＰＤＣＡを実践し良好な組織活動や円滑で効率的なプロジェクト運営を行うためには、リーダーがＣの要になります。

プロジェクトマネジメントで考えてみましょう。

プロジェクトの運営は、工程ごとの進捗、予算、品質の確認など、ＰＤＣＡの中でもいくつかのポイントごとにチェックする必要があります。チェックをおろそかにしていると、プロジェクトは失敗します。準備万端であれば問題なく進められるはずのプロジェクトにもかかわらず、予期せぬ問題が起こったり、予定が狂って調整が困難になったりすること

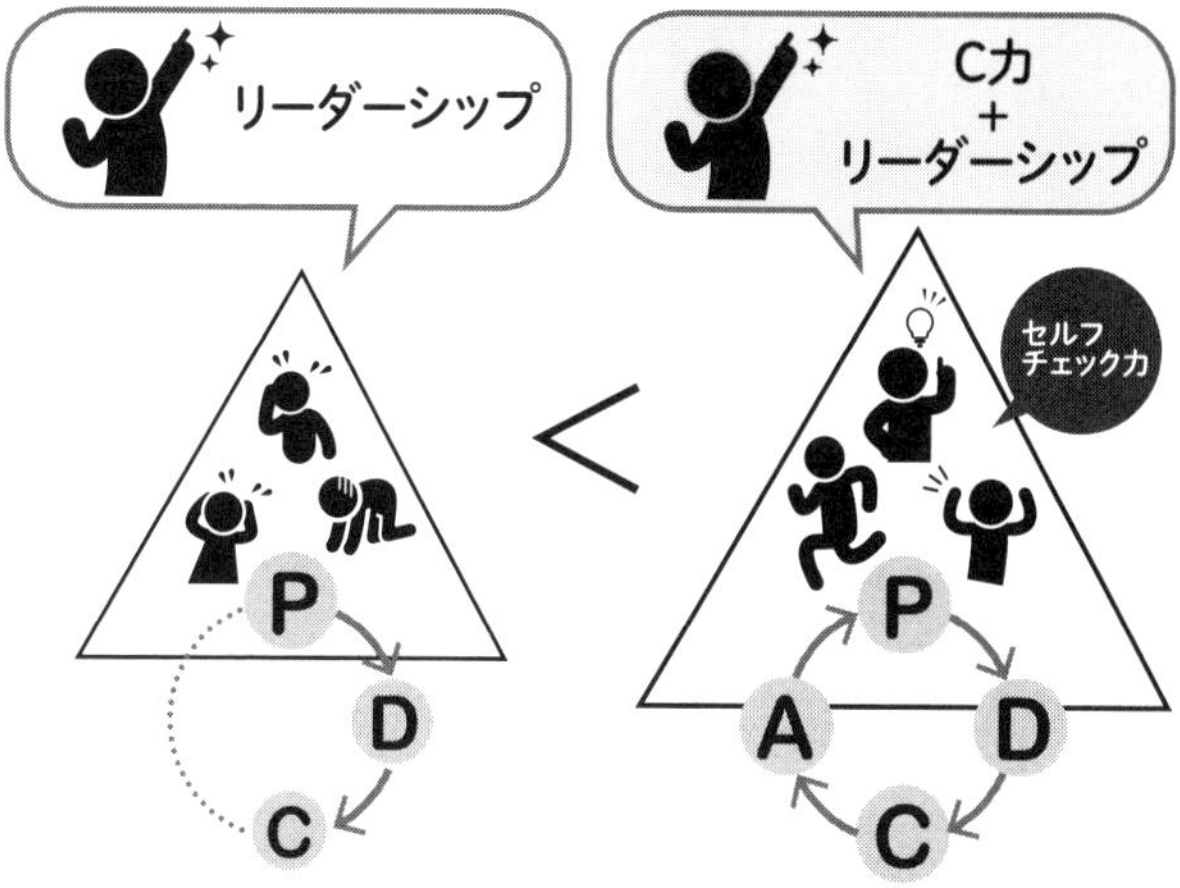

があります。
　例えばプロジェクトでアサインしていたＡさんが風邪で3日間休んで作業が止まってしまったとしましょう。ここでリーダーがＡさんの出勤状況や作業進捗をチェックしていなかったとすれば、Ａさんの代わりの作業者を手配する必要性に気付くことなく時間が過ぎていきます。結果、遅れてしまった3日分の作業は他の作業者の進捗に影響を及ぼすこともあるでしょう。
他の例では外注委託では、見積りをチェックせずに発注したために、予算をオーバーしてしまったということもあるかもしれませんし、顧客から受け取るはずの資料が届かず、約束の日から1週間が経過していても、担当者は気付かないまま、ということもあるかもしれません。

ずさんなプロジェクトでは、進捗会議すら開催がおぼつかないことも起こりえます。それらをチェックし、指摘し、改善のアクションの結果まで見届けるのがリーダーの役割なのです。

会社の組織やプロジェクトは、一人だけの仕事で成り立っていることはありません。リーダーは、担当者が報告を忘れている、あるいは気付いていても手を打てていなかったことに対して、責任者としてチェックする必要があります。ただし、リーダーだからといって、チェックと実行をすべて一人で行うということではありません。担当する社員が、役割通り実行できているかを自らチェックさせること。それはリーダーのC力にかかっているのです。優秀なリーダーであればあるほど、自らのリーダーシップと高いC力がありますから、的確なタイミングでチェックを行うことで、プロジェクトは順調に進むでしょう。そして、それぞれの担当者は、周囲からチェックされることに依存せず、セルフチェックを確実に行い、自分の担当の範囲をきちんとチェックし実行する、順調であろうとなかろうとリーダーへの報告を徹底することが重要なのです。

第4章

組織活動力強化のためのPDCA

第4章　組織活動力強化のためのPDCA

4-1項　経営活動そのものがPDCA

　ここまでの説明の通り、ＰＤＣＡはあらゆるビジネス活動に適用します。そして経営活動そのものがＰＤＣＡ実践の場なのです。書籍『ＰＤＣＡプロフェッショナル』（稲田将人著、東洋経済新報社刊）にトヨタ自動車の奥田碩会長（当時）が語った「私は、どこの会社でも経営できます。それは私がＰＤＣＡを回せるからです」との言葉が冒頭に出てきます。トヨタ自動車のような世界企業の経営者も、ＰＤＣＡの本質を経営活動の中で見ているのです。

　経営活動の基本的な機能として、技術（製造またはサービス）・営業・管理が三位一体で活動するのが経営です。そのどれもがＰＤＣＡを抜きにしては語れません。

　経営の1年間の短期計画に始まり、中長期計画を経営者は立案します。それこそがＰＤＣＡのＰであり、会社で最も重要な計画が経営計画です。売上・利益の計画、その達成のための受注や仕入・外注の計画、社員の採用、広告宣伝などについても予算が組まれ、資金の計画が決まります。その他には株主総会の開催や役員の改選など法律によって決まっている事項もありますし、入社式や社員旅行、懇親会開催などの会社行事もあるでしょう。それらも含めて、会社全体の経営計画は、半期、四半期、月次、週次を各業務で予算とともに役割、期限ごとに細分化され、いつまでに何を達成するべきかが定められます。技術も営業も管理も、それぞれ目標達成に向けての計画が決まります。

各部署は計画に従い、達成度合いをチェックし、不足があれば軌道修正して、本来の計画を達成できるように活動を見直していきます。

もし会社が計画も何も定めず、ＰＤＣＡもなく、経営をしたらどうなるでしょうか。目標も計画もなかったら、毎月の売上が費用に対して足りなくてもチェックができません。売上に対して、社員の給与や家賃が適正かどうかの判断基準もなくなってしまい、赤字なのかどうかが結果でしかチェックできなくなります。販売している製品について顧客からの評判が悪いにもかかわらず、技術担当が製品改善のＰＤＣＡを何ら実施していなければ、原因不明のまま販売数が減ってしまうかもしれません。営業がきちんと活動して受注を取ってこなければ、いくら良い製品やサービスがあったとしても、会社は売上を上げることができません。ＰＤＣＡが機能しなければ、会社の業績はたちまち悪化するでしょう。

会社全体のＰＤＣＡは複雑なように見えて、とてもシンプルです。各部署がＰＤＣＡサイクルをきちんと回しているかどうかをチェックすることが経営の中心にあります。それぞれの部署が予定した目標を達成するべく、計画を立て、実行し、その実行項目の完了チェックを行っているか、組織の維持向上のためにさらにアクションしているかなど、各部署のＰＤＣＡが集まって、会社全体の大きなＰＤＣＡが円滑に機能しているのです。

4-2項

C力は個人と仕組みの両立が重要

個人のＣ力については、第３章で説明しまし

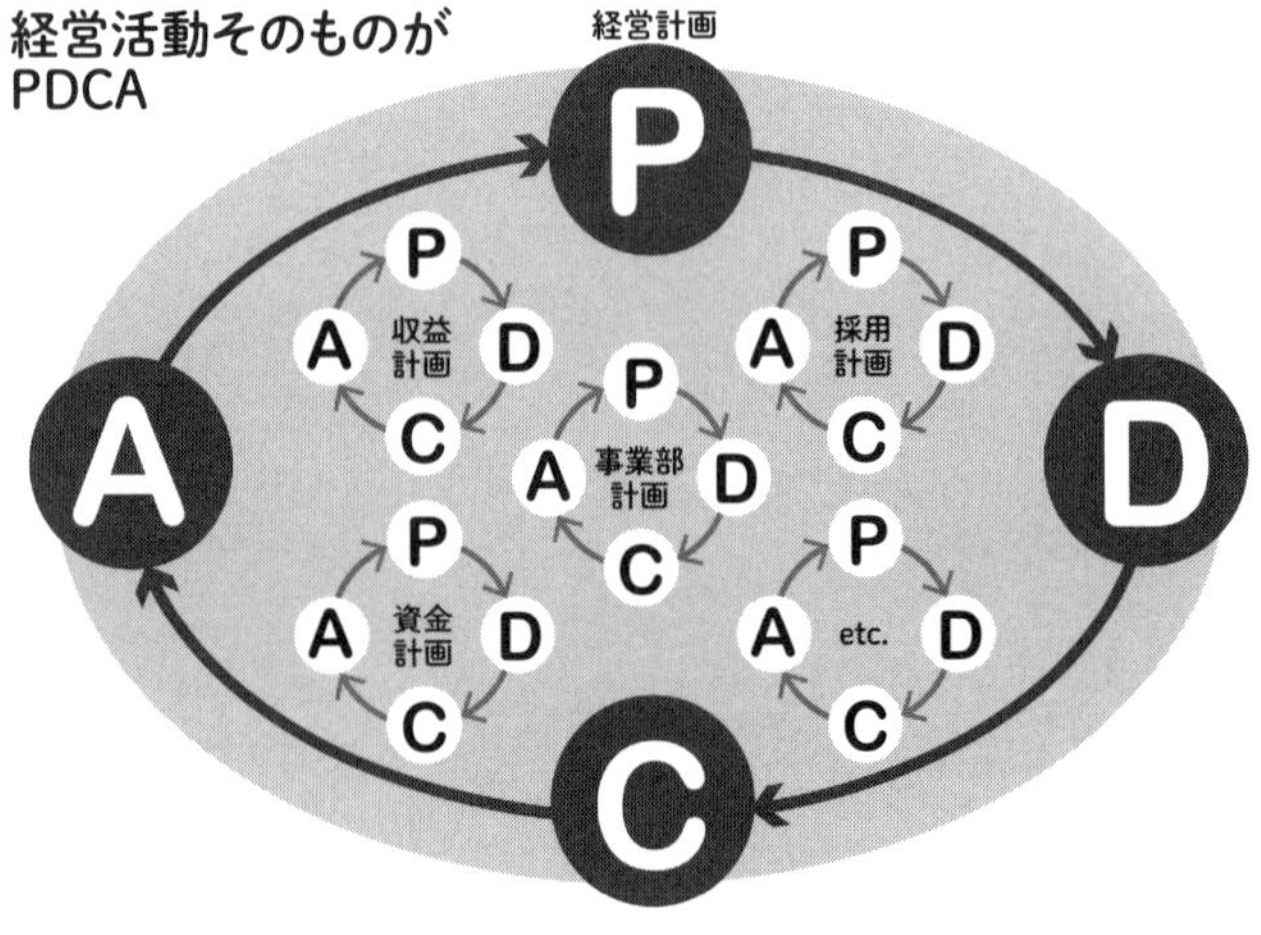

た。では、会社全体ではどのようなチェックの仕組みを構築すれば、組織的なＣ力の発揮につながるのでしょうか。

皆様の周りにある日々の出来事から考えてみましょう。

例えば、毎朝、店舗の観葉植物に水をやる仕事があるとします。たびたび水やりがおろそかになり、観葉植物が枯れたことがありました。朝礼で上司から再発防止の話があって以来、Ａさんが毎朝の水やりに気を配ったことで、観葉植物は枯れなくなりました。ところが、Ａさんが家庭の事情で1週間休みになると、たちまち枯れてしまったのです。

この事例では、どのようにするべきだったのでしょうか。

個人のＣ力を高めることはとても大切です。自分の担当する業務や組織で行うべきことをきちんとチェックして、実行することはとても重要なことです。ところが、個人のＣ力だけでは組織全体のレベルアップにはつながりません。誰か一人に依存した状態は、その人がいないとチェックがおろそかになり、組織での成果を上げることが難しくなります。

組織全体で一定の基準をクリアするためには「なぜそのチェックが必要か」の判断基準を共有しながら、同時にチェックが組織的に機能する仕組みを作る必要があります。業務に関係する全員がチェックした結果を確実に共有し、責任を持って最後まで業務を完了し

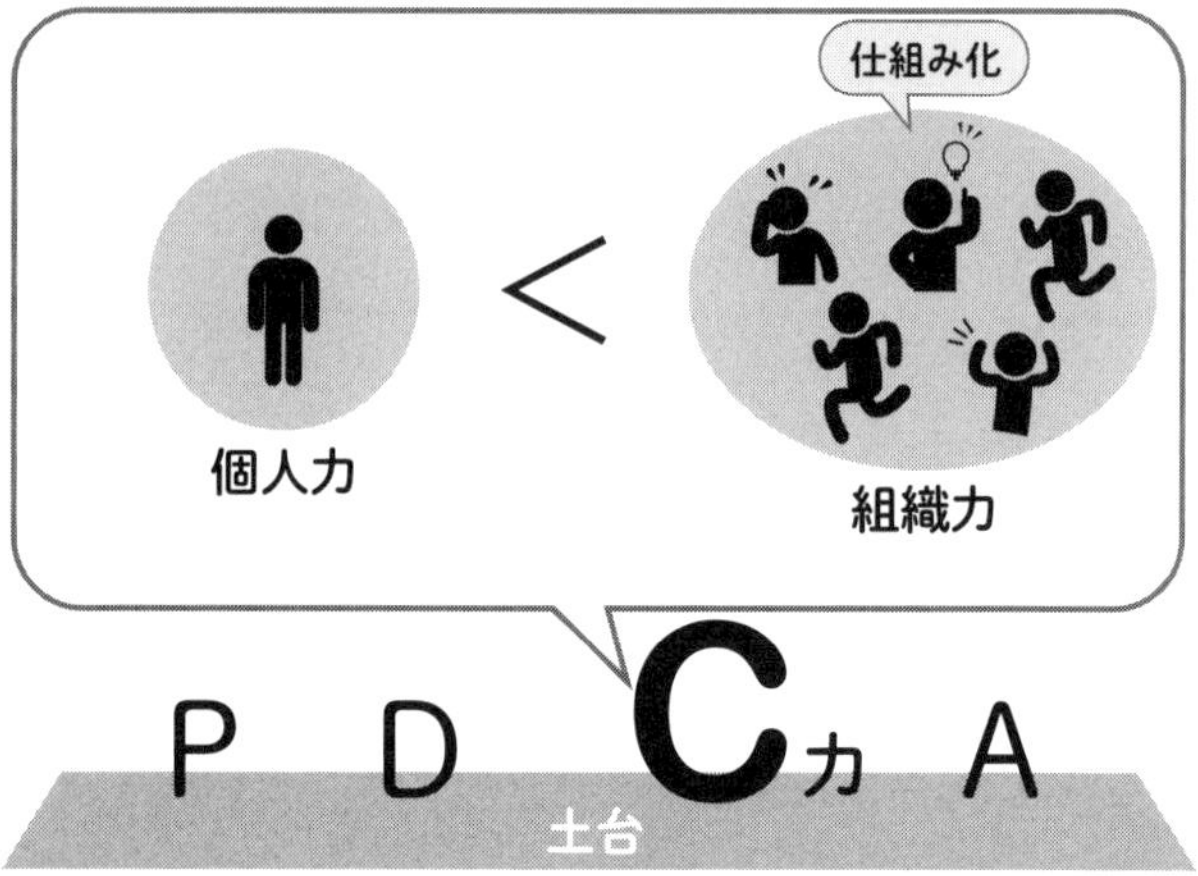

なければなりません。一人のC力に頼らず、組織が定めた基準をクリアしているか、チェックや実行ができているかの確認をする責任者を決めて、組織全体でC力を発揮することです。時には、決めた役割通りにチェックや実行ができないことがあるかもしれません。その場合は事業推進の目標・目的を共有している組織の他のメンバーが牽制する必要があります。また、内容によっては朝礼や定例会議で必ず確認したり、チェックリストの読み合わせをしたりということも有効でしょう。C力を高めた個人が集まるだけでなく、仕組みを確立して組織的なC力を実践していくことが必要です。これらに加えて、全員がリーダーになる組織というのは存在しませんから、それ以外の社員のフォロワー

シップ、つまり、決められたことを誠実に守る、実行するスキルこそ重要といえます。

4-3項　ＩＳＯ規格に基づく認証とＰＤＣＡ

ＩＳＯ（国際標準化機構）が国際的に通用する規格を制定したＩＳＯ規格とは、製品やサービスを同じ品質、同じレベルで提供するための国際基準を定めたものです。ＩＳＯ規格には、製品とマネジメントシステムの２つの規格があります。マネジメントシステムに対する規格とは、組織の品質や環境活動を管理するための仕組みに関する規格です。具体的には、ＩＳＯ９０００（品質規格）、ＩＳＯ１４００１（環境保全を目的とした規格）、ＩＳＯ２７００１（組織が持つさまざまな情報漏えいを防ぐことを目的とした規格）などの認証規格があります。これらはそれぞれ品質、環境、セキュリティについて組織内の目標が明確に定められた上で、決められたルールが正しく実行され、さらに仕組みとして組織内にしっかり確立できているかどうかを見るものです。ＩＳＯからこのお墨付きをもらうことを、ＩＳＯ規格に基づく認証といいます。

ＩＳＯ認証を取得した会社の製品や仕組みは、品質の確保、環境への配慮、セキュリティの確保がされていることになりますが、実際には取得だけして、管理や仕組みが形骸化している会社が多いのも事実です。

　それではなぜ、ＩＳＯが形骸化するのでしょうか。それはＰＤＣＡが実践されていないからです。ＰＤＣＡサイクルを回せる組織であれば、ＩＳＯ規格に基づくマネジメントシステムの管理や仕組みは、確実に定着させることができます。なぜなら、ＩＳＯで求められていること自体がＰＤＣＡであるからです。それではＰＤＣＡに当てはめて説明しましょう。

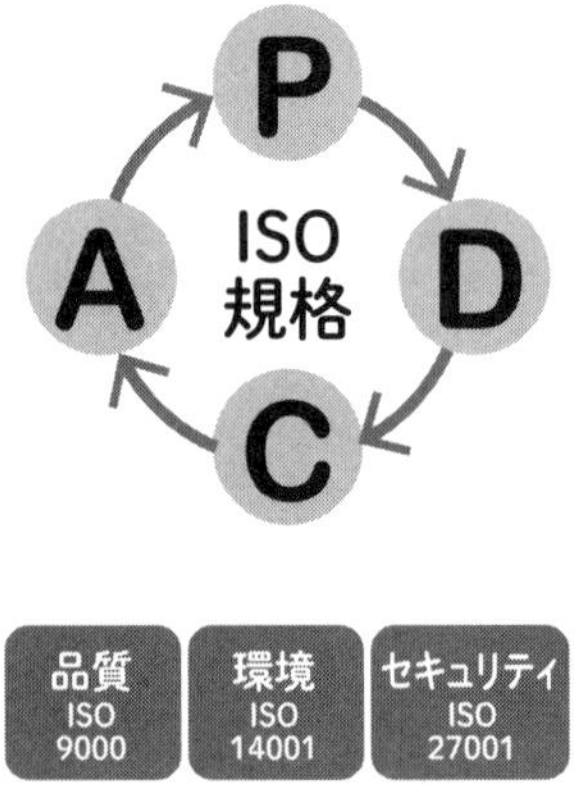

P 計画	ISOが求めている基準を実現するための手順、体制、組織の基本方針を決め、運用するための仕組みを作ります。
D 実行	「計画」で決めた仕組み通りに運用します。
C チェック	「実行」の結果、仕組みが正しく機能しているかどうかを手順書、マニュアルなどに基づいてチェックします。
A アクション	「チェック」の結果、手順書やマニュアル通りに実施されていない問題点が発見されれば、方針や手順書を改め、必要に応じて「P」に反映させます。

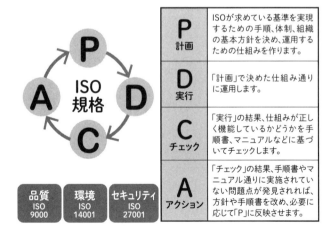

1 Plan

ＩＳＯが求めている基準を実現するための手順、体制、組織の基本方針を決め、運用するための仕組みを作ります。

2 Do

1で決めた仕組み通りに運用します。

3 Check

2の結果、仕組みが正しく機能しているかどうかを手順書、マニュアルなどに基づいてチェックします。

4 Action

3のチェックの結果、手順書やマニュアル通りに実施されていない問題点が発見されれば、方針や手順書を改め、必要に応じて1に反映させます。

これを見ると、ＩＳＯの認証を取得するためのドキュメント（手順書やマニュアルなど）や仕組みづくり（組織体制）は「Ｐ」でしかなく、本当に必要なのはＰＤＣＡサイクルを回すことだと分かります。

そうなると、ＩＳＯ認証の取得とＰＤＣＡサイクルの定着はどちらが難しいのかと聞かれれば、まちがいなく後者となります。一時的にドキュメントを整備し、仕組みを作り上げてＩＳＯ認証を取得できたとしても、ＰＤＣＡサイクルの定着はなかなかできません。ＩＳＯで難しいのはＩＳＯの求める基準を一時的に達成することではなく、ＰＤＣＡサイクルを継続的に定着させることであり、ＰＤＣＡサイクルが定着している企業ならばＩＳＯ認証取得はそう難しくないでしょう。

もちろんＩＳＯ認証の取得については手順書や基準マニュアルなどのドキュメント整備や組織体制づくり、場合によっては設備導入など、時間や手間、さらに費用がかかる場合もあります。しかし、それらはあくまでも準備であり、認証を活かし、継続的に運用するためにはＰＤＣＡサイクルの定着が極めて重要なのです。

4-4項 プロジェクトマネジメントの円滑な実践

ＰＤＣＡについて学ぶ上で、必ず出てくる言葉の一つに、ＰＭ（プロジェクトマネジメント）というものがあります。

ＰＭとは、プロジェクトの目標の達成を目指し、プロジェクトを円滑に進めるための活動のことで、そのツールや技法の適用を指すこともあります。

プロジェクトの目標を達成するためには、まずは、「このプロジェクトの成功とは何か」を定義し関係者と共有します。そして成功までのプロセスを計画に基づいて一つのストーリーのように構築する必要があります。ＱＣＤ（品質・コスト・納期）だけではなく、プロジェクトで実施すべき範囲やリスク、ステークホルダーとの調整などが求められます。また、さまざまな視点やツールの知識を持つことも必要です。

ではＰＭの難しさとは何でしょうか。本書をお読みの皆様の中には、自らがプロジェクトマネージャーを担った経験をお持ちの方がいるかもしれません。プロジェクトがうまくいかない要因や理由としては、多くの失敗プロジェクトの場合、プロジェクトの進行中に「うまくいっているのか、いないのか」の判断ができていないのです。これは、進行中のプロジェクトの見える化ができていない状態です。つまり、見える化ができていないプロジェクトは失敗する確率が高まります。

もしもＰＭで計画通りにプロジェクトが進んでいない場合は、原因を探るとともに、具体的な対策を立案し、円滑に実行に移す機敏さが求められます。プロジェクトをマネジメントするためには、ＰＤＣＡサイクルを回し、常に問題が発生していないかチェックし、問題を発見したらすぐに対策をとることが重要です。ＰＤＣＡサイクルをきちんと回していくためには、やはりC力が拠り所となります。

失敗プロジェクトを振り返ると「トラブルに気付いたときは手遅れだった」「もうちょっと早く発見できれば、簡単にトラブルを解決できていた」といったことが多くあります。

プロジェクトは終盤になればなるほど、それまでにかかった労力や費用が大きいため、途中での修正が難しくなります。また、これまでの成果を潰して作り直す必要が生じることもあり

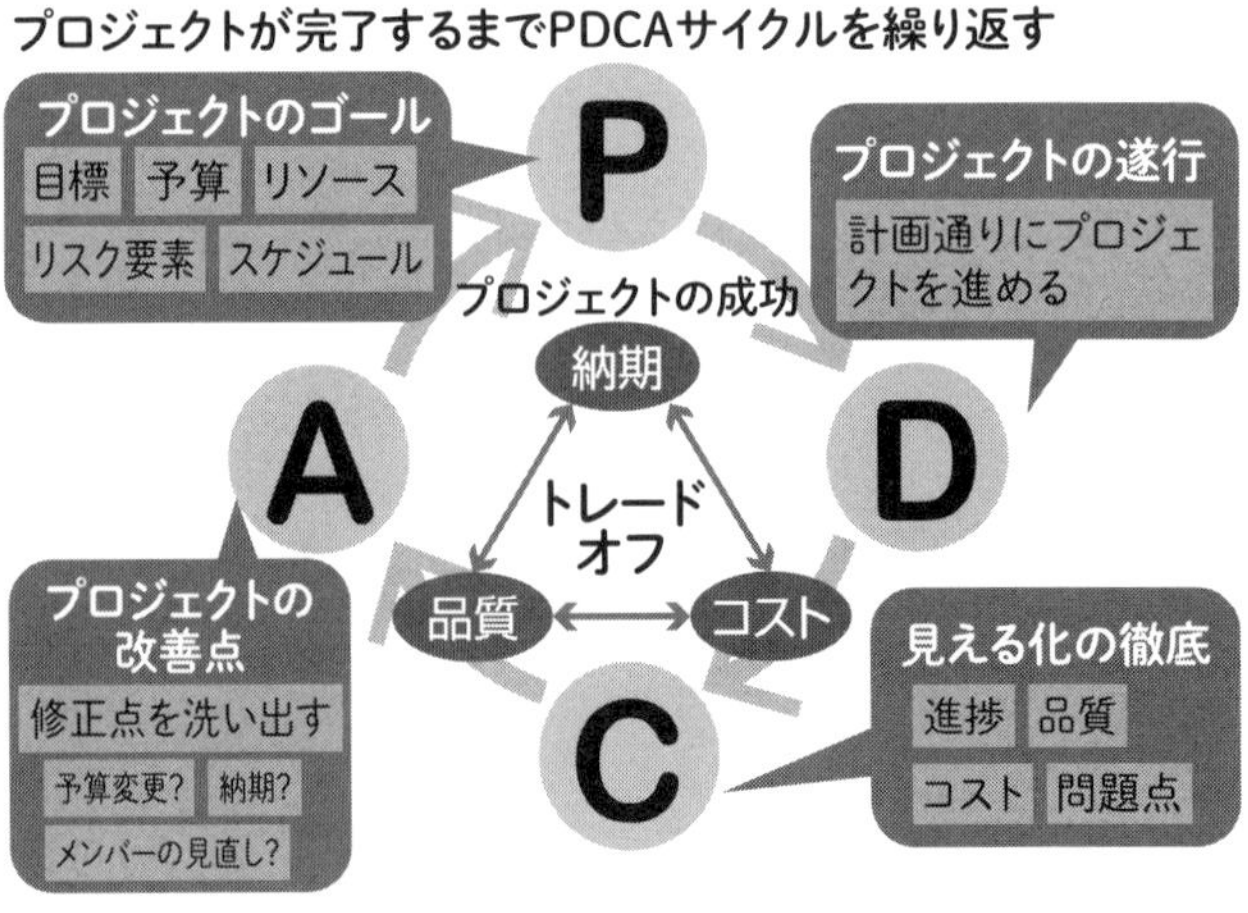

プロジェクトが完了するまでPDCAサイクルを繰り返す

ます。

最悪の状態となる前に、プロジェクトの工程ごとにＰＤＣＡサイクルを回していく必要があるのです。また1サイクルで終わりではなく、計画通りの成果になるまで何度もＰＤＣＡサイクルを回し続ける必要があるのです。

よくＰＤＣＡはＰＭ手法の一部と思われていますが、そのような軽いものではありません。どんな手法やツールを使っていてもプロジェクト全体でＰＤＣＡサイクルが回っていなければ、どこかでプロジェクトは破綻してしまいます。ＰＤＣＡサイクルを正しく回し、確実に実践するからこそ、正しいＰＭにつながるのです。

4-5項　日本の高品質はＰＤＣＡで実現している

日本の品質は、世界で一流といっても過言ではありません。特にベトナムのような新興国では日本の品質に対してとても信頼があります。しかし、戦後復興時の日本も今の新興国と変わらず品質は二の次でした。日本の高品質は一朝一夕で実現したのではなく、長年積み上げてきた成果なのです。

はじめに、品質管理とは何かを簡単に説明します。

製品やサービスを提供する側にとって品質管理は、業務のムダ・ムリ・ムラを改善するのはもちろん、一定以上の品質を維持向上させるための重要な業務改善の一つです。

身近な例を挙げると、自分が購入するボールペンがあるとします。ボールペンを買うたびにインクの出方が濃くなったり、薄くなったり、あるときはにじんだりしたら、不満を持つでしょう。他にもスーパーで購入した果物が傷んでいた、プレゼントに買った食器のふちが欠けていた、お店で買った袋詰めのお菓子が同じ値段にもかかわらず、内容量が異なった、レストランで食べる料理の味が毎回違うなども問題です。今の日本の私たちの生活には、品質に問題があることは少なく、一定品質の商品やサービスの提供が当たり前になっているのです。

もしかすると、安いものなら少々のことは気にならないかもしれませんが、住宅や自動車のような高額な商品だとどうでしょうか。欠陥があるとすぐに大クレームになるのは明らかです。

提供される品質に毎回ばらつきがあると、顧客からの信頼が著しく損なわれます。いつどのようなタイミングで購入したとしても、顧客は対価として支払う金額と同等以上の品質が提供されると考えます。あるときはうまくできたとしても、担当が変わるとできない、やり方が毎回違う、となると品質は一定しませんから、顧客はそのような製品は購入しなくなりますし、サービスも受けなくなります。良い評判は新規顧客を増やすことにつながりますが、悪い評判が広まると、たちまち業績に悪影響が出てしまいます。

そのような事態を避けるためには、製品やサービス提供のためのＰＤＣＡサイクル構築が重要です。製品であれば、材料調達の計画、製造機械や作業スタッフの手配、製品納入までの検査や配送など、さまざまな計画を立てます。計画を立てたら、材料の購入スケジュールのチェック、生産の工程が順調に進行しているかの管理、最終出荷前の品質チェック、そして最後の納品まで、工程ごとに不具合があれば、すぐにプロセスの見直しや改善を行うなど何度も何度も同じところをチェックする必要があります。改善しようにも、なかなかうまくいかないこともあるでしょう。地道な作業をこつこつすることは、果てしない道のりのように感じますが、繰り返しこそが、品質向上のスパイラルアップとなっているのです。これこそがまさにＰＤＣＡサイクル構築への道そのものといえます。

また、品質管理といえば、ＴＱＣを思い浮かべる人も多いと思います。ジャパンアズ

部分最適と全体最適

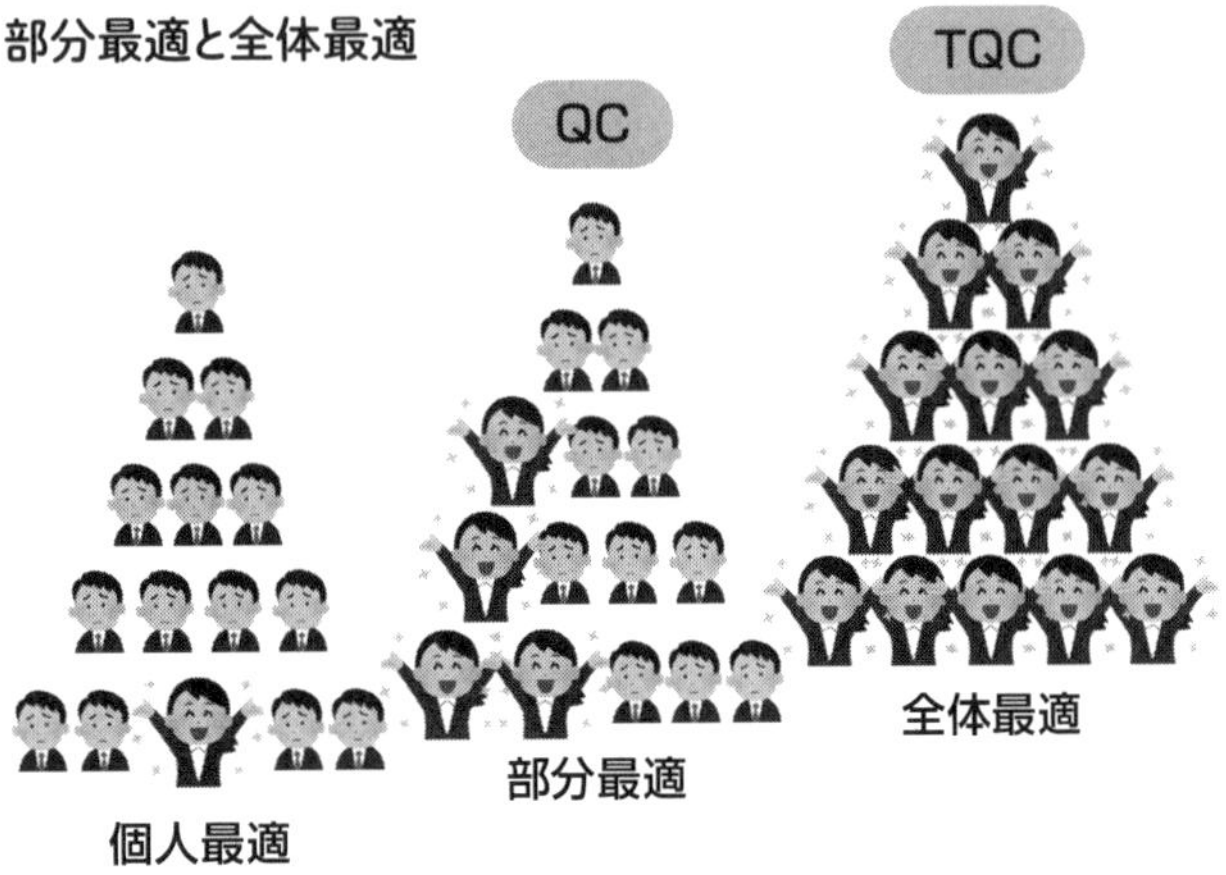

ナンバーワンを築き上げた高度経済成長時代に、大きな成果を出した改善活動です。製造部門だけのクオリティ・コントロール（Quality Control）から始まり、それが全社的に実施されるトータル・クオリティ・コントロール（Total Quality Control）の活動として定着しました。もともと、製品の品質は製造部門の課題と考えていましたが、最終的に高品質を維持するためには、会社の全セクションが連携することが必要です。部分最適だけではなく全体最適が重要である典型といえます。

経営活動の中で品質を維持向上することは、他社との差別化でも重要です。皆で協力し、一歩ずつ前進することが組織力をさらに高め、企業価値向上につながるものであると認識し、取り組んでいくことです。

4-6項　業務改善とＰＤＣＡ

企業経営において、品質を向上する、コストを削減する、業務フローを見直すなど、企業価値の向上につながる継続的な「業務改善」は非常に重要です。

しかし、業務改善の失敗は日常茶飯事といえるかもしれません。特に中小企業は苦手としているケースが多く見受けられます。業務改善が続かない、業務改善を続けても納得いく変化、成果が見られないという組織も少なくないと思います。

業務改善はそれぞれの業務の棚卸を行い、作業手順や部署間でのやりとりなどを見直すことによって、会社全体でのムダ・ムリ・ムラを省き、より合理的、効率的に作業ができるようにしていくことです。

そもそも業務改善をするには、まず目的を明確にし、社内の関係者が理解することが必要です。やみくもに業務改善をしようとしてもうまくいくはずはありません。どのような改善を図りたいのか、その結果どのような成果を出そうとしているのかという目標を明確にしなければ、改善策を正しく策定できません。目標が曖昧なまま漠然と取り組んでも、成果が出るはずがありません。

明確な目標が定まれば、達成のための具体的な改善策を立て、実行する。そしてここからが最も重要なポイントです。業務改善が成功しない理由の大半は、改善したことを継続して運用できるような仕組みを作っていないことです。継続して改善した作業手順や方法が正しく運用され、当初掲げた目標につながる成果がなければいけません。不具合を減らす、作業時間が短縮するといった成果が、一度きりではなく、組織として継続的に出せるようにならなければ、業務改善が成功したとはいえないのです。

つまりは継続的にＰＤＣＡサイクルを回せるようにならなければ、真の業務改善の目標は達成できません。業務改善の責任者の一番重要な仕事の一つが、ＰＤＣＡサイクルの継続的な定着です。

ＰＤＣＡサイクルとは、このように業務改善を推進するためにも不可欠ですが、そもそもＰＤＣＡサイクルの中にも必ず業務改善が組み込まれているともいえます。つまり、計画と実行で満足しがちなところに、見直しを行うＡ（アクション）の改善プロセスを付加しているという点がポイントです。ＰＤＣＡサイクルを回すことは、必ず何らかの改善の実行を目標にしているのです。

また、忘れてはならない成功の秘訣がもう一つあります。それは、公平な人事評価です。中小企業の場合で考えると分かりやすいのですが、そもそも、業務改善をするといっても専任社員はなかなか確保できません。そうすると、目の前の担当業務をこなしながら業務改善に取り組むケースが多くなります。業務改善はどちらかというと成果が後になって現れてくるので、どうしても目先優先になります。つまり、自分の担当業務優先になり、業務改善はおろそかになります。

これは、『7つの習慣─成功には原則があった！』（スティーブン・R・コヴィー著、キングベアー出版刊）にある時間管理のマトリック

時間管理のマトリックス
（7つの習慣より）

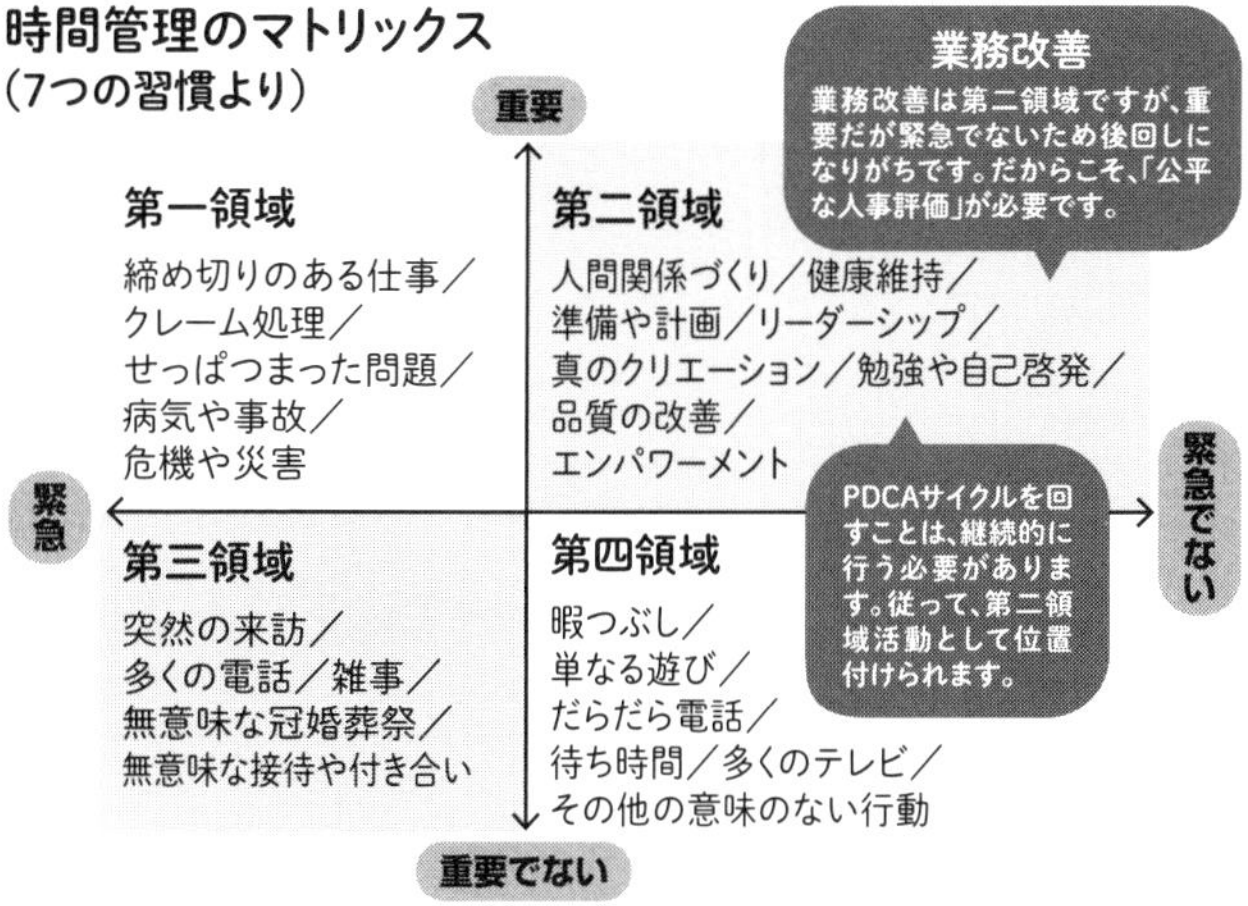
業務改善
業務改善は第二領域ですが、重要だが緊急でないため後回しになりがちです。だからこそ、「公平な人事評価」が必要です。
重要
第一領域
締め切りのある仕事／クレーム処理／せっぱつまった問題／病気や事故／危機や災害
第二領域
人間関係づくり／健康維持／準備や計画／リーダーシップ／真のクリエーション／勉強や自己啓発／品質の改善／エンパワーメント
緊急
緊急でない
PDCAサイクルを回すことは、継続的に行う必要があります。従って、第二領域活動として位置付けられます。
第三領域
突然の来訪／多くの電話／雑事／無意味な冠婚葬祭／無意味な接待や付き合い
第四領域
暇つぶし／単なる遊び／だらだら電話／待ち時間／多くのテレビ／その他の意味のない行動
重要でない

スに当てはめるとよく分かります。業務改善は第二領域に当てはまります。一方、日々の業務はおおむね第一領域に当てはまります。ほとんどの人が、第一領域だけを優先してしまうのです。だからこそ、会社として公平な評価が必要です。中小企業はこの評価制度が不十分で、先の企業価値向上への取り組みが評価できていないことが多いのです。業務改善は全社的取り組みが理想です。だからこそ、人事評価が大切なのです。

4-7項

CS向上のために必須のPDCA

自然とマーケットが拡大する潜在顧客が多数存在するベトナムなど新興国と、マーケットが成熟した日本のような先進国を比べると、顧客満足度（Customer Satisfaction 以下CS）の向上に対する考え方が明確に違います。

かつてベトナムでのCS向上研修の冒頭で、「自分の給与は誰からもらっていますか？」と質問すると、正解した人はわずかでした。ちなみに、「お客様からもらっている」ということが正解です。

良い商品・サービスを提供し、顧客が満足を得た結果、会社はその対価を得ることができます。それが会社の収益となり、自分の給与になり、また、ボーナスになるのです。商品やサービスを気に入ってくれるリピーターを増やし、会社のファンを増やせば増やすほど会社の収益は上がり、自分の給与も上がります。会社も社員もｗｉｎ－ｗｉｎとなっていることこそがＣＳ向上の原点なのです。言い換えると、社員が満足した状態だからこそ、顧客にも満足を提供できるものです。従業員満足度（Employee Satisfaction 以下ＥＳ）の向上なくしてＣＳの向上は成り立たないのです。

現在は、ベトナムなどの成長著しい新興国でも、高級ホテルやレストランなどにおいて、ＣＳ向上を実践しようとする企業・店舗が確実に増えてきました。ＣＳの向上はこれからの新興国市場においても必要不可欠な要素になりつつあります。

一方で、日本では国内マーケットが縮小に転じた20年ぐらい前から、本格的なＣＳ向上の取り組みが盛んになりました。多くの日本の企業では、ＣＳ向上推進のためのＣＳ推進部やＣＳ推進担当といった部署を設置し、さらなるＣＳ向上に取り組んでいます。日本とベトナムの背景は違いますが、ＣＳ向上が必要という意味では同じ課題を抱えています。

では、なぜＣＳ向上が必要なのでしょうか。言うまでもなく、顧客を大切にして初めて会社が継続的に利益を生み出して存続することができるからです。特に、これから一層の発展を遂げようとしている新興国では、多種多様な企業が進出すると同時に競合他社や競合商品も増えてきます。また、外資企業の進出もさらに盛んになり、高品質で洗練された商品や、アフターフォローの行き届いたサービスが顧客の心を一気にわしづかみにします。

すでに激しい競争の中にあり、近い将来の新興国の姿でもある日本のマーケットを事例に考えてみましょう。あなたの会社の商品やサービスは今後、どのように差別化していけば良いのでしょうか。

レストランを例に考えてみましょう。料理がおいしければ人気店になるでしょうか。あるいは、店内の雰囲気や店内の清潔度合い、衛生管理を徹底することでしょうか。すべて必要な要素ですが、実はお客様にとって「当たり前」のことなのです。

ここで、あるアンケート結果を紹介します。それは、同じ飲食店を再び利用したいと思うときと、飲食店で不満に思ったことについて。この結果で注目したいのは「接客態度に満足することは少なく、不満を持つことが多い」ことです。つまり、お客様にとって「気持ちの良い接客態度」は当たり前なのです。

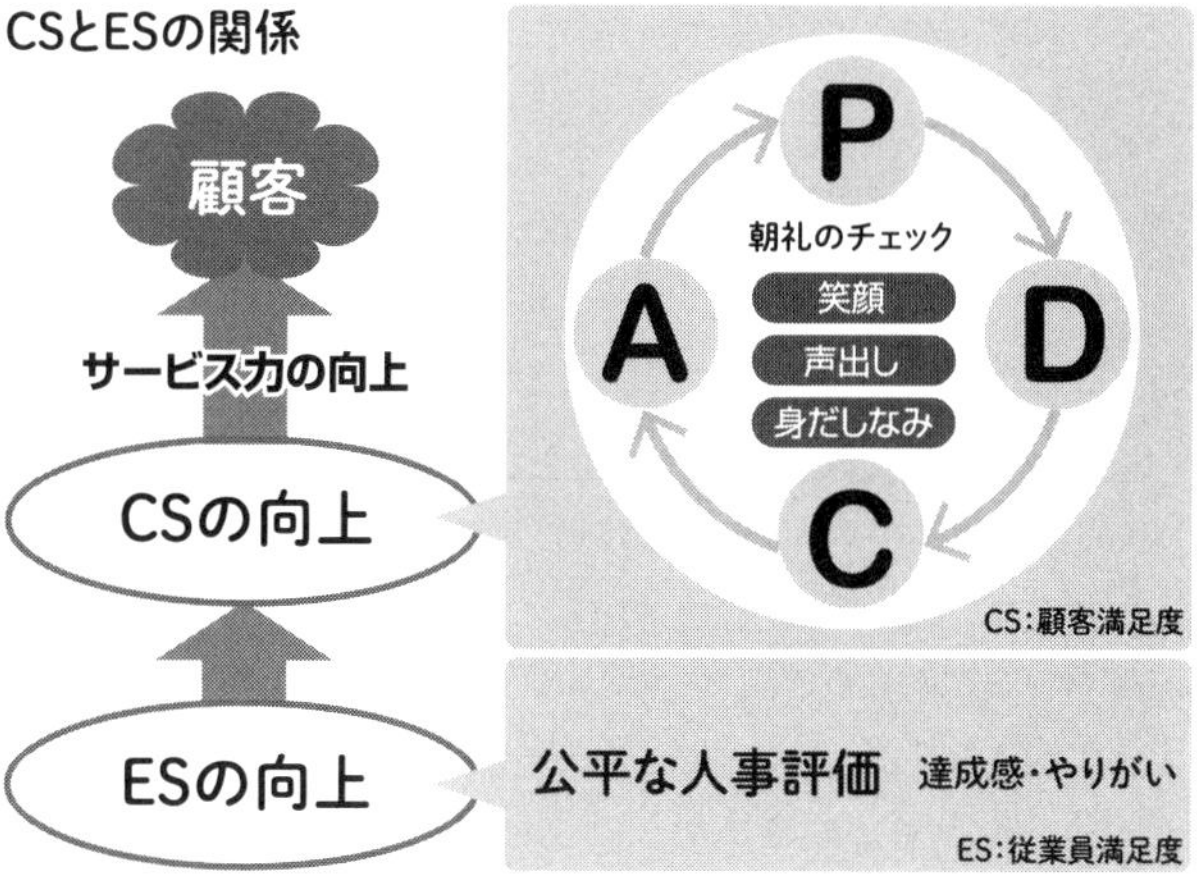

あなたはお客様に対して、笑顔で気持ちよく対応ができるスタッフだとしましょう。あなたが接客をするお客様に対しては問題ありません。他のスタッフはどうでしょうか。あなたと同じレベルで気持ちの良い笑顔・あいさつ・おもてなしができているでしょうか。お店の中で一人でも態度が悪いスタッフがいると、お客様にとっては「接客態度が悪いお店」となり不満につながります。スタッフ全員が基準以上のサービスができて、初めて「接客態度が良いお店」になります。つまり、組織的なＣＳ向上が求められているのです。

レストランだけでなくさまざまな商品・サービスを提供する会社において、組織としてＣＳ向上を確実に実現するために重要なことは、Ｐ

DCAサイクルを確実に回すことです。CSが高いレストランで観察してみると、店長やマネージャーが必ず、スタッフを「チェック」しています。例えば朝礼では笑顔のチェック、「いらっしゃいませ」「ありがとうございました」の声出しチェック、身だしなみチェックなど、ルールに従って、習慣化して定着させる、まさにPDCAサイクルを回しているわけです。これは、商品・サービスを提供する会社全般の業務に置き換えても同じです。PDCAサイクルを回すことで、CS向上が確実に実現できることを理解してください。他社との差別化を図っていくことが、競争が激しいマーケットを勝ち抜くことにつながります。

4-8項 クレーム対応にPDCAは不可欠

2010年に開催された上海万博の前に上海浦東国際空港が大きく変わったことをご存じでしょうか。万博では多くの外国人の来賓や観光客が訪問します。中国の国際化に向けて、サービス品質を向上するために取り入れたのが、入国審査ゲートに設置された審査官の対応の評価をするボタンです。このボタンの評価内容が、入国審査官の人事査定に反映されています。

これから国際化が進み、経済的な諸外国との関わりが増えていくベトナムでも、同じような事例があります。ゴルフ終了後、キャディがお客様に自分の評価カードを手渡し、お客様が評価ボックスに入れる仕組みです。査定が良くない状態が続くと、キャディとして失格の評価を受けます。

こうした仕組みを導入することにより、クレームは減りますが、本当の意味で顧客の信頼を得ているとはいえません。悪い評価にされると困るからという理由で、サービスを良くするのは真の「顧客満足度の向上」ではないのです。

日本では顧客から直接評価をもらうような制度はあまり見かけません。なぜなら、おもてなしの心でスタッフがお出迎えすることを前提に社員教育され、皆で協力しようとする組織が形成されているからです。もちろん日本でもサービス品質が悪いときは、顧客からクレームが発生することもあります。クレームを受けたときでも一個人だけの問題で終わらせずに、個人と組織の改善点として受け止めて、関係するスタッフにフィードバックされるのが日本では一般的です。

顧客は継続して良いサービスを受けると、その会社や店舗、スタッフを信用するようになり、リピーターになります。「継続して良いサービスが提供できるか」のバロメーターの一つがクレーム対応力です。顧客満足度の確認のためにアンケートを実施することもありますが、それよりも現場で「顕在クレーム」と「潜在クレーム」にしっかり目を向けてチェックすることが大事です。「顕在クレーム」は顧客から直接伝えられたクレームです。商品やスタッフの対応などさまざまな点で指摘を受けることがありますが、中には丁寧にクレーム対応をすることによって、信頼度が高まることもあります。もう一つの「潜在クレーム」は顧客が直接的に不満を口にしなかったクレームです。「今回は分かりました」「また今度でいいから」と言われると、担当者はこれでなんとか対応でき

潜在クレームと顕在クレーム

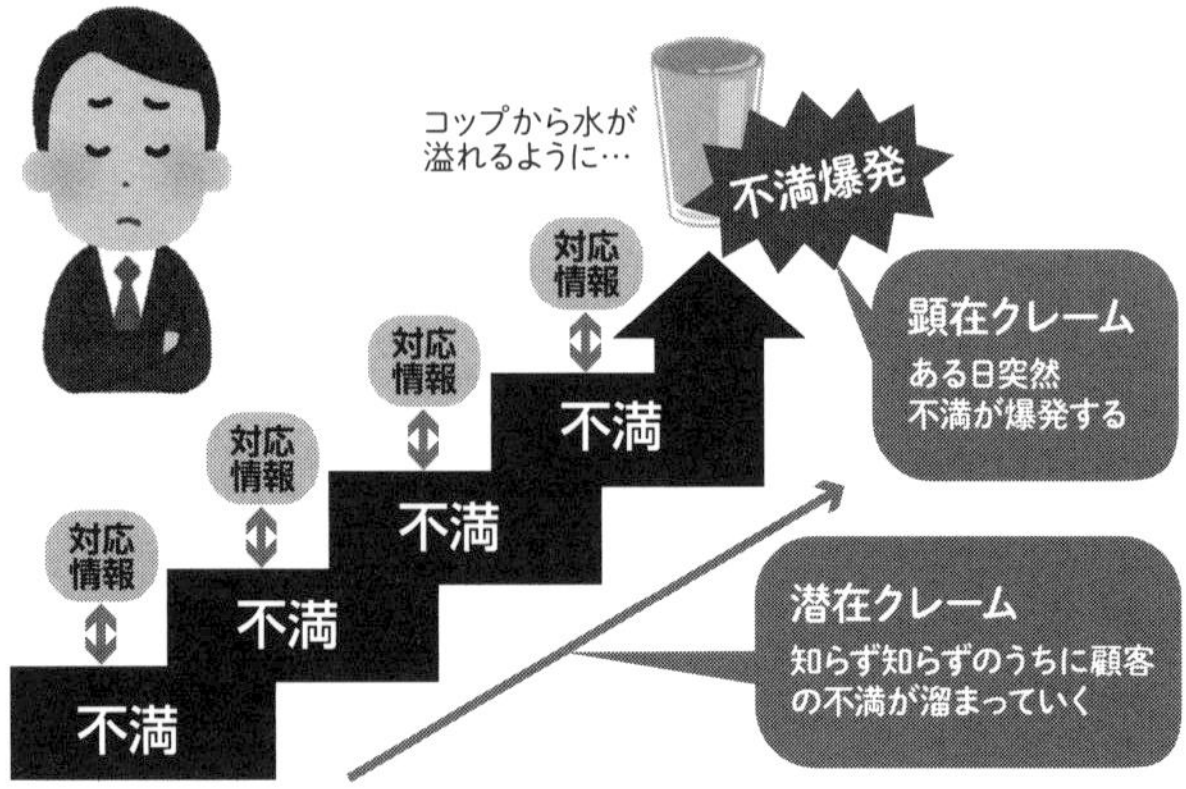

たと考えてしまうことが多々ありますが、そのときの対応に改善するべきところがあったと考えてチェックしなければなりません。誰もが同様にクレームを口にする人ばかりとは限らず、無言で去ってしまう顧客もいるのです。

日ごろからお客様の評価がより良くなるように考え、クレームになる前に自らが現場のリスクをチェックし、改善していくことこそが、ＰＤＣＡの実践です。継続することでＣ力向上、そして顧客満足度の向上にもつながります。

4-9項 セキュリティ対策は乾布摩擦とＰＤＣＡ

セキュリティ対策と聞くと、どのようなことを考えるでしょうか？

ＩＣカードによる入退室管理、指紋認証、施錠の徹底、パソコンのパスワード管理などが浮かんでくると思います。最近では、サイバーセキュリティという新種のセキュリティも登場しています。

企業活動におけるセキュリティを確保する上で、物理的に保護したり、会社の仕組みで守るべきルールを決めたりすることはとても重要です。しかし、忘れてはならないことは、情報セキュリティ対策を実践するのは人ということです。

情報漏えいの防衛策はとても重要で、しっかりと対策を講じる必要があります。以下のような事例に心当たりはないでしょうか。

・送信先チェックミスで、第三者へメールを誤送信
・毎回の開け閉めが面倒だからと電子錠付きの出入口のドアを開けっ放し
・飲食店で顧客の話を大声でしたため周りに内容が筒抜け
・社外秘の重要書類が、往来の多い通路の横に置きっ放し
・パソコン画面上の顧客データが周囲の人に丸見え

情報漏えいのリスクは日常の業務の中に多く潜んでいます。不注意や意図せず情報が漏れたり、ちょっとした怠け心から起こったりすることもあるのです。

『セキュリティ対策は乾布摩擦だ！』（拙著、カナリア書房刊）という本があります。

一般的に乾布摩擦とは風邪予防や免疫力向上などを目的とした健康法です。昔から日本では、健康管理の一環として、うがいや手洗いと並び、乾布摩擦で風邪をひかない強い体づくりをしていました。

セキュリティ対策に置き換えると、どうでしょうか。情報が漏れてしまったら、緊急的に対策を行うものの、根本的な改善がなされないままミスやトラブルを繰り返しているうちに、重要な情報が漏れ、会社の信用にかかわる取り返しのつかない問題に発展することもあります。大切なのは、組織として日常的に、セキュリティ対策の仕組みの見直しや改善、運用ルールの履行チェック、そして社員教育をすることです。情報が漏れない仕組みと人のリテラシー

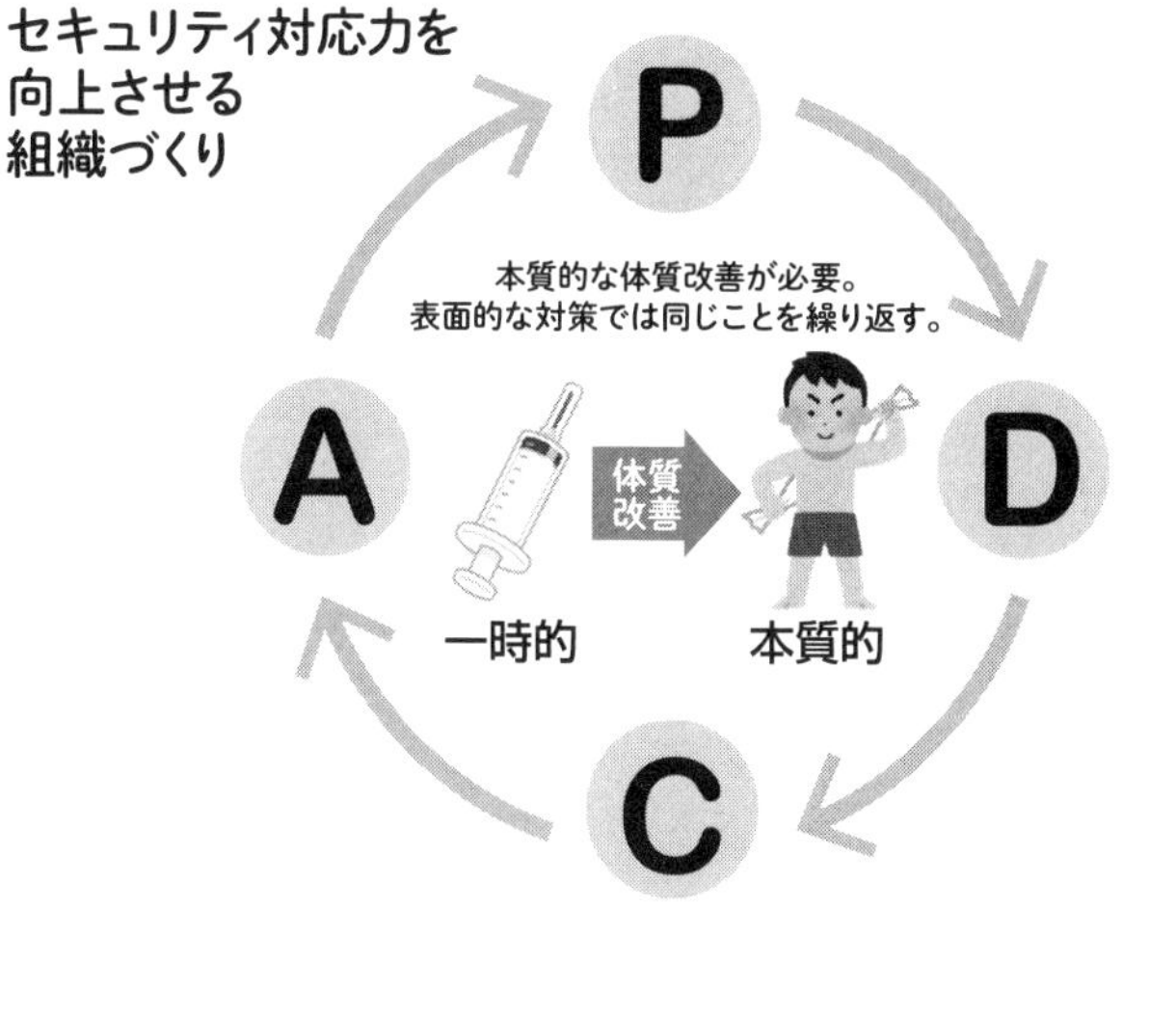
セキュリティ対応力を
向上させる
組織づくり
P
D
C
A
本質的な体質改善が必要。
表面的な対策では同じことを繰り返す。
体質
改善
一時的
本質的

の両輪で組織運営をするとともに、必要なときには専門家に相談するのもいいでしょう。トラブルへの対症療法だけでなく、乾布摩擦のように日々の取り組みの中で根治治療を行い、情報の漏れにくい強い組織を目指していくことが重要です。

セキュリティの維持向上には、いつ誰に相談して対策を立案するか、その責任者や運用体制はどうするのかよく検討し、決められたルールにのっとって社員一人ひとりが気を引き締めて業務をしていく必要があります。ＰＤＣＡサイクルを確実に回していく、中でもＣ力がものをいう活動といえるでしょう。

4-10項 ＰＤＣＡに関する会議の２つの役割

会議とＰＤＣＡは２つの意味で密接な関係があります。一つめは、ＰＤＣＡをベースに会議が成り立つこと。二つめは、さまざまな経営活動がある中、そのほとんどは、何らかの会議がＰＤＣＡのＣの役割を果たすということです。

『会議のいろは』（拙著、カナリアコミュニケーションズ刊）には、会議を開催する際の重要な事項として次の2点を挙げています。

1会議開催の目的が明確かどうか

会議で一番重要なことは目的です。ＴｏＤｏリストを作成するのか、結論を導くのか、そこが明確になっていないといけません。

2会議自体が、単なる「打ち合わせ会」「報告会」「連絡会議」になっていないかどうか

上記3つのような会議が行われているのであれば、主催者に責任があります。

それでは、会議開催の重要なポイントについて、改めて説明していきます。

【会議の事前準備】参加者へ通知する文書の作成時に重要な2つのポイント

①会議の日時、場所、参加者を明確にする

②会議の目的、議題内容が正確に書かれているかを必ずチェックする

会議の参加者は、参加するときの自分の役割を考え、パフォーマンスを発揮するために

しっかり準備する必要があります。

【会議開催時】出席者が守るべき重要な7つのポイント

①会議に遅れない
②会議に集中する
③積極的に自信を持って会議の参加者全員に聞こえるよう、堂々と発言する
④発言の根拠や理由を分かりやすく説明する
⑤発言者の話が分からない場合は、確認・質問をして正しく理解する
⑥発言者の話をよく聞き、タイミングよくあいづちを打つ
⑦メモをしっかり取る

【会議後】実行するべき重要な2つのポイント

①会議での結論を確認し、行うべきことを行動に移す
②会議での参加者自身のパフォーマンスを検証する

【会議を開催する際のレベルアップポイント】

参加者自身の会議でのパフォーマンスが不十分であったならば、失敗から学び、次に活かす。会議には、時間とコストがかかっていることをくれぐれも肝に銘じて、会議における問題点を参加者全員で共有する。また、会議で決定したことは速やかに行動に移す。

一番重要なことは会議にＰＤＣＡを取り入れることです。会議後に「議事録」が配布された際、ＴｏＤｏリストがあれば、それぞれの項目について「誰がいつまでに」が記載されています。チームで対応することが必要な項目、一人で実行できる項目、会議に出席していない他部署の人の協力が必要な項目など、ＴｏＤｏリストの項目別に、担当者がチェックすべき内容を明確にし、それぞれの項目ごとに実行します。項目ごとにＣ力を発揮しチェックを優先するＣＡＰＤサイクルを回していくイメージです。

会議とＰＤＣＡの密接な関係の二つめ、いかに会議がＰＤＣＡのＣの役割を果たすかについて説明します。

ＰＤＣＡでＣが一番おろそかになるとお伝えしました。
取締役会、経営会議、ＰＭ進捗会議などの会議は、Ｃを実行する場として利用することができます。

会議を行うと、おろそかになっていたＰＤＣＡのＣを行うきっかけになりますし、会議でＣについて議論ができます。先述の通り、ＣＡＰＤの順にサイクルを回すことが重要だと説明しましたが、そういう意味では、Ｃのためだけの会議を実行することはとても意味があります。
ここまでのポイントを理解した上で、会議開催時に、ＣからスタートするＣＡＰＤサイクルを回すことを心掛けることが重要です。

会議とPDCA

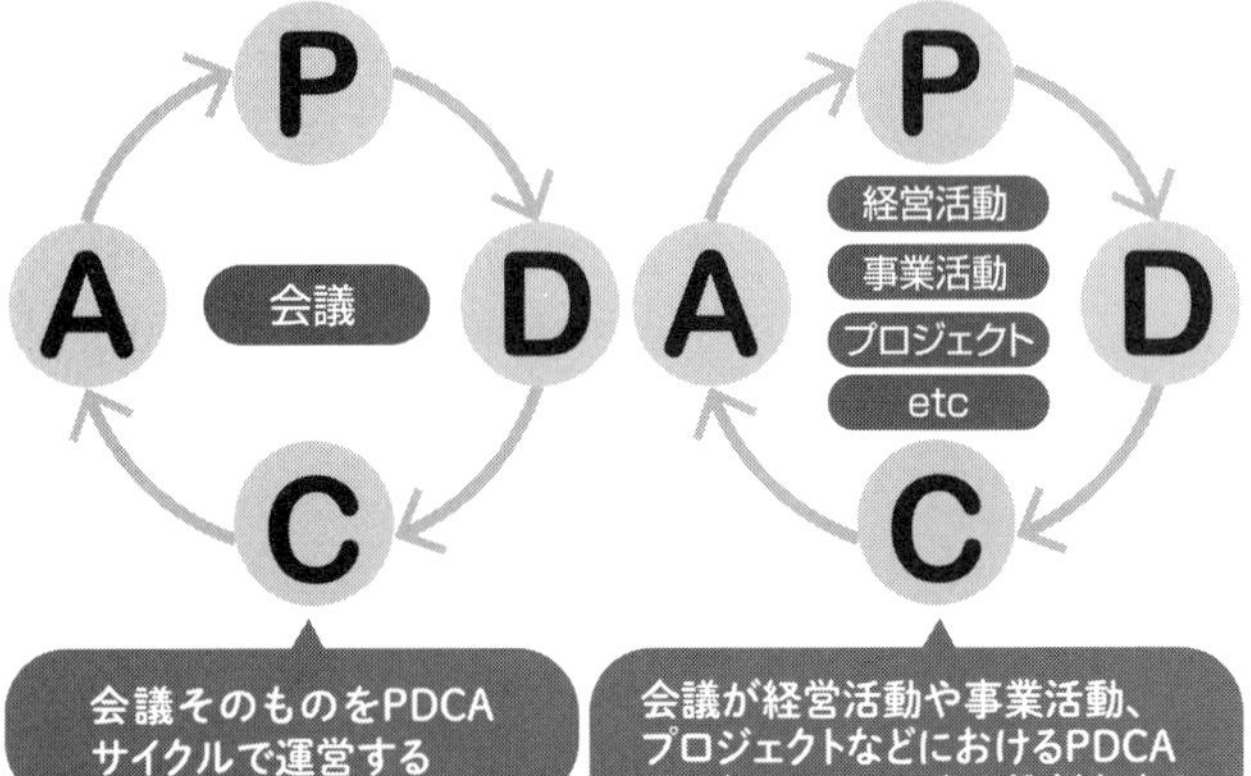
サイクルのチェックの役割をする

4-11項

人事評価は人材活用のC

人事評価は上司が部下に対して一方的に行うものではありません。上司や部下、同僚、仕事で関連する他部署の人など、各方面の人が評価をする複眼の評価制度や顧客が評価をする制度もあります。スタッフのサービスに対して、お客様が評価をするケースは、ベトナムでも増えてきています。一番明瞭なのは4―8項でも触れたゴルフ場のキャディの評価です。

ベトナムではゴルフコースを周る際、ゴルファー一人に対してキャディ一人が付きます。18ホールのゴルフ終了後に、キャディはお客様に自分の評価カードを渡し、お客様は評価ボックスにそのカードを入れて、キャディのサービスを評価します。評価基準はエクセレント（Excellent）、グッド（Good）、フェア（Fair）、プア（Poor）の4段階で、プアが月に三度あるとそのキャディはクビになると言われています。お客様の評価が自分の人事評価に直結しているわけですから、スタッフは明らかに取り組み姿勢が良くなります。

しかしながら、評価カードがなくても、気持ちよく顧客対応をすることこそ本来目指すべき姿です。組織で人事評価を受けるときに、「自分ではできていると思っているのに評価されない」と感じることはないでしょうか。それはあなたが自分の役割において求められている「基準」に達していないのです。会社は、組織が定めた基準に沿って公平な評価（チェック）を行います。組織運営において、社員それぞれの立場や役割を果たしてようやく報酬が得られます。入社1年目と2年目の社員、また2年目と10年目の社員に求められるものが違うのは組織として当然のことです。

具体的な人事評価のポイントを説明します。事実に基づいた評価、客観的な視点、会社の方針に沿っているか、思い込みによる評価になっていないか、個人的な基準を持ち込んでいないか、世間一般の標準を認識しているか、人づての話だけで判断していないか、他の社員との比較ではなく人事評価基準と比較をしているかなど、評価ポイントはいくつもあります。そして、人事評価は上司が考えている以上に感情的になりやすいもので、慎重に実施される必要があります。さまざまな要素・基準があり、評価（チェック）が行われているのです。これらの評価基準のポイントを意識して自分自身を評価してみましょう。誰でも自分に対する評価は甘くなる傾向があり、一般的に上司の評価と自分の評価にはほとんどの場合でズレが生じます。評価するのは自分ではなく「相手」です。自分がどのように評価されているのかを正しく認識することが重要です。自分にとって悔しいことや理解できないこともあるでしょう。しかし、それらを改善し、ステップアップすることで仕事のプロに近づき、人間力も高まるのです。

一方、組織の責任者にとって正しく評価（チェック）を行うことは非常に責任重大な業務です。組織の成長、そしてスタッフの成長のため、今一度正しい評価（チェック）を実践しましょう。

また人事評価だけでなく日ごろの部下との接し方も注意が必要です。日本でも東南アジアでも優しい上司は一見すると、好かれるものですが、それは上司のあるべき姿とはいえません。Ｃ力に長けて、実行力のある仕事ができる人は、口うるさく、細々したことに対して指摘する傾向が強く、いい気がしない部下もいることでしょう。

人は誰しも優しくておおらかな人と仕事をするほうが良いと思うもので、注意する人や、納期管理やホウ・レン・ソウの要求が厳しい人を敬遠します。また、上司も「部下に嫌われたくない」と思うことはあるでしょう。嫌われたくないから注意をしない、これでは部下も育ちませんし、良い組織づくりはできません。部下も普段は優しく注意しない上司が、

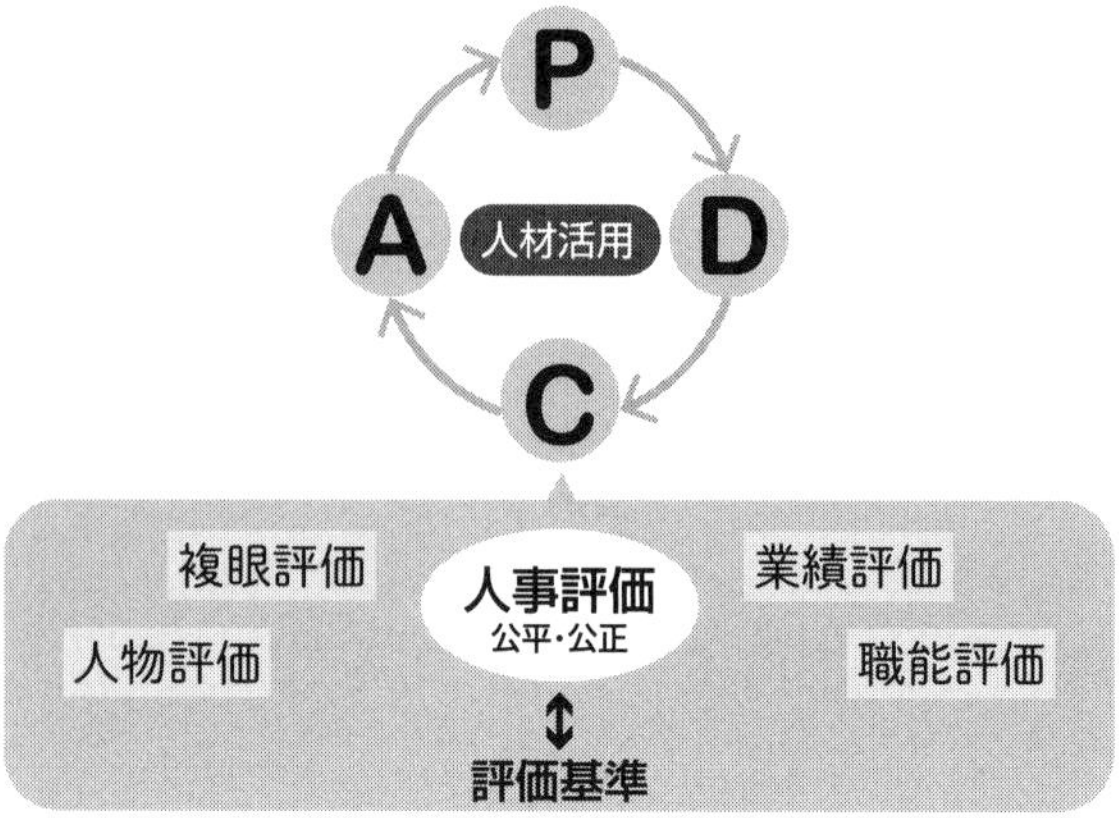

人事評価だけ厳しかったとしたら納得するでしょうか。世界中どこを見ても、仕事ができるビジネスパーソンは、厳しい上司であり、嫌われがちな存在となっています。これはあらゆる国で共通しています。

4-12項 PDCAは社員教育で浸透する

企業では、何らかの社員教育を実施しています。特に大企業は、人事の一環として教育の専門部署を配置しているところも多く、人事評価とも密接な関係があります。一方、中小企業では社員教育の重要性は分かっていても、対象者が少人数なこともあり、現場や日常業務を優先し、教育が一過性で終了してしまいがちです。中長期視点の社員教育は、なかなか定着しないことが多いのです。

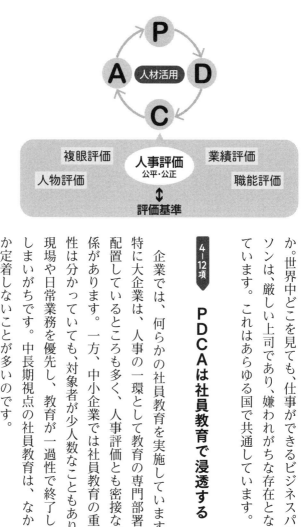

社員教育について、2つに分けて説明します。

一つは、新入社員研修です。日本の高校や大学は就職予備校ではないため、仕方がないことですが、社会人になるための授業はほとんどありません。そのため、基礎的なビジネススキルは、社会人になってから学ばないといけないのが現状です。ホウ・レン・ソウも知らなければ、メモを取る習慣もあまり身に付いていませんし、ＰＤＣＡを知っている人も皆無に等しいのです。ただ、日本では、ＰＤＣＡを新入社員研修などで理解させ、日々の業務で実践させることが少なくありません。また、日報を書かせることで、考える習慣を身に付けさせるのです。それがＰＤＣＡのＣＡにつながる基礎トレーニングにもなります。

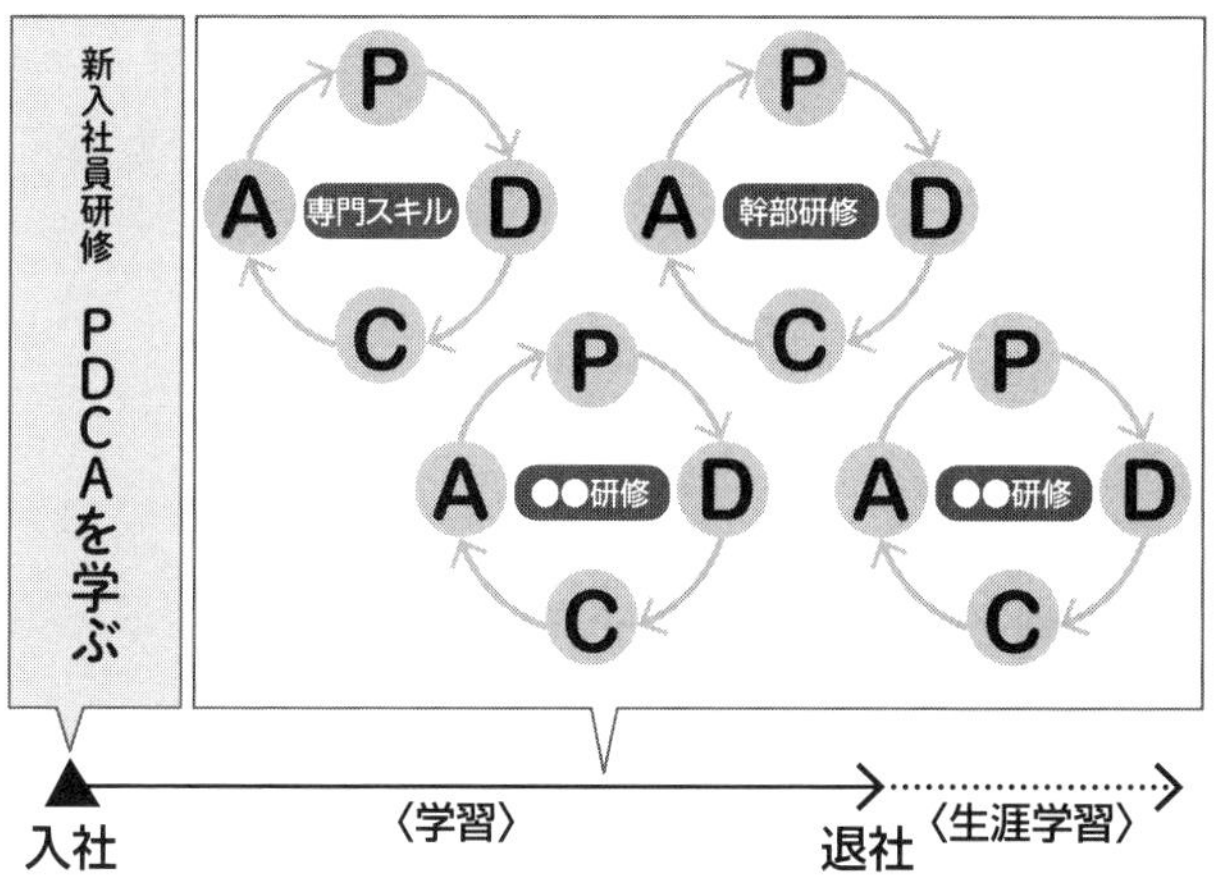

二つめは、在職中何度も実施される一般的な社員教育です。社員教育は自社で行う会社もあれば、外部委託する会社もあります。対象も若手社員、中堅社員などキャリアごとに分類して行われます。中小企業の社長であっても、積極的に外部研修に参加しますし、人事制度と連動する昇格時研修などもあります。もちろん、専門スキルを磨き、高度資格を取得するための教育も盛んに行われています。現在は、オンライン研修も増えており、場所や時間を問わず学べるようになりました。

働くこととは、イコール学習することです。大企業では経営計画の一部として社員教育の実施計画もあります。社員教育は基本的に間接コストとしての先行投資であるため、計画的に行うのが理想ですが、中小企業では目先の利益に追われる分、社員教育がおろそかになりがちです。

社員研修の計画の立案から実践までの一連の流れをＰＤＣＡに当てはめると社員教育の成功の秘訣が理解できます。社員研修の計画を経営戦略や経営計画に沿って立案し、研修を実施するものの、実施して終わってしまう会社が非常に多く、また本来であればＣやＡにあたる、研修後のレポート提出も、残念ながら提出させて終わりになるケースが多くみられます。

社員教育は先行投資であるため、成果は先になることもありますし、モノづくりではないため成果は見えにくいものです。社員教育を受ける側の取り組み姿勢やスキルも一長一短で、結果を求めるのは困難だからこそ、中長期的な仕事の成果と結びつけられるように人事評価制度を設計して運営しないといけないのです。社員教育の成果が見えにくい分、徹底した中長期的なＰＤＣＡに立脚して行う必要があります。経営は会計年度の1年が基本ですが教育のＰＤＣＡはより長く10年、20年単位での運営の視点が必要なのです。

4-13項　新種の課題、健康経営もＰＤＣＡが前提

皆様は、健康経営という考え方をご存じでしょうか？

経済産業省のＨＰで〝健康経営の推進の概要について〟という２０２０年4月付の資料が参照できますが、要約すると次のようになります。

背景には生活者の一人ひとりが心身の健康状態に応じて、経済活動や社会活動に参画し、役割を持ち続けることができる生涯現役社会の構築に向けて、さまざまな関係者が改善活

動に取り組んでいくという大方針があります。

その上で、社員の健康維持・増進の取り組みが、将来的に会社の収益などを高めるとの考えをベースに、健康管理を経営的視点から考えて戦略的に実践することと説明されています。

表現を換えれば、会社も社会的課題の改善について大きな責任があり、そのためには社員一人ひとりに関して、今まで以上に健康管理に力を入れて健全な経営に取り組まなければいけないと解釈できます。健康管理も最も重要な経営課題、経営の目標の一つと言っても過言ではありません。

先述の通り、仕事と健康は密接な関係にあります。言うまでもなく、心身ともに健康であるから仕事の成果も出るのであって、ベースとなる心身に問題を抱えていては、健全な仕事の遂行ができません。また、健康管理を個人でも組織でもしっかり継続的にできるということは、仕事に必要なスキルや習慣が身に付いているといえます。会社が健康管理に優先順位を高めて取り組むことは、一石二鳥以上の効果があるわけです。

もう一つ、社員の健康管理に近いテーマとして安全管理があります。工事現場や製造業の工場などで業務を遂行する上で、けがや事故を防ぐための安全管理は極めて重要です。

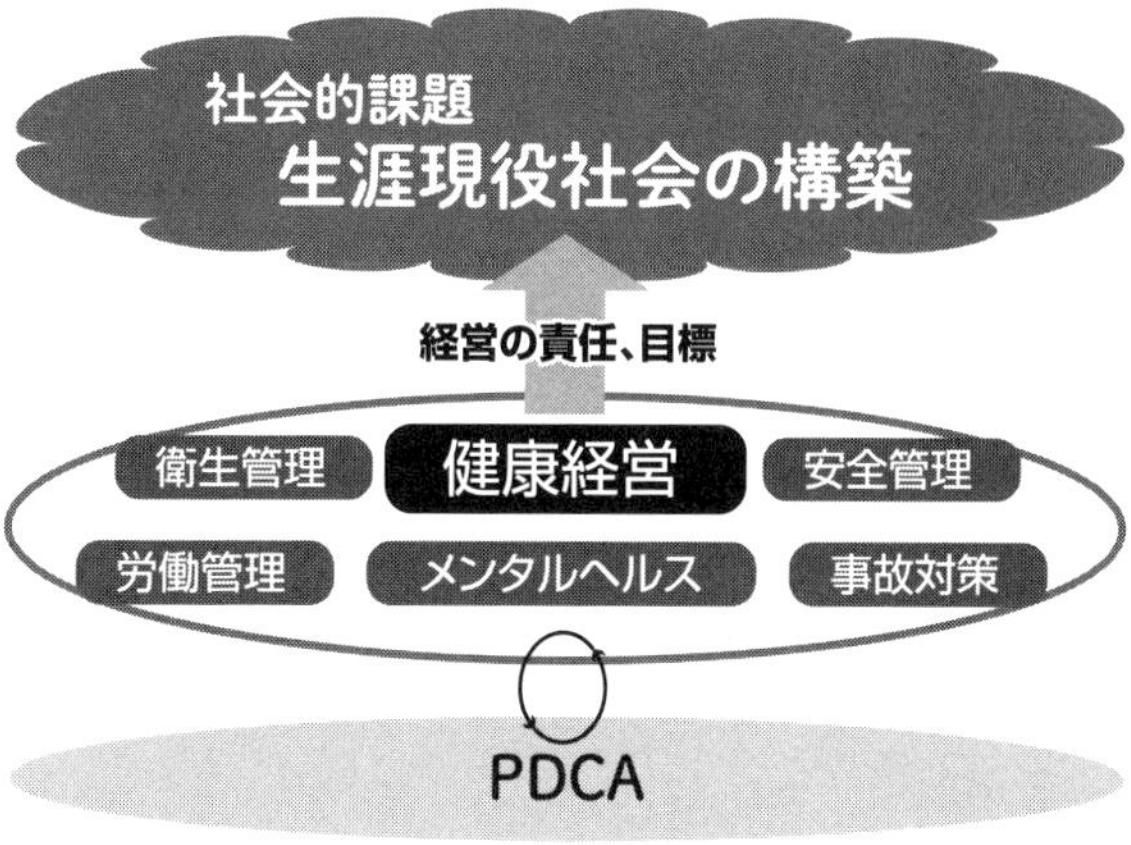

そして、２０２０年初頭から世界的な感染症が爆発的に蔓延しています。職種や仕事の種類にかかわらず、今後は、感染症対策という健康管理も極めて重要な課題となっています。

では、安全管理や感染症対策も含めた健康管理が、一朝一夕に実現できるでしょうか。先述の通り、仕事のスキルアップやハイレベルな品質確保、効率の良い業務の遂行などと同じように、継続的な改善の取り組みが必要になります。結局は、健康経営もＰＤＣＡサイクルが正常に機能している組織にしか定着はできないのです。

実際に現代の経営の実情では、社員一人ひとりの健康管理は極めて難しいといえます。通常、同じメンバーが同じオフィスや現場にいれば、表情や態度の変化である程度はその社員の状況は把握できます。ところが、今の時代は、雇用は外国人も含めて多様です。また、人の移動も多いしＩＴを活用したテレワークも急激に進展しています。こうなると、なかなか、社員一人ひとりの健康管理を心身両面からケアし、問題があれば経営の立場からも対応することはとても困難です。

優秀なマネージャーの個人スキルだけに頼る健康管理は、すでに過去のものとなりつつあります。具体的な対策としては、第一歩として社員一人ひとりの健康状態が見える化できるよう取り組む必要があります。それには、ＩＴツールが有効です。しかしながら、すでに飛行機の事例でも紹介しましたが、現場からの正しいタイムリーな状況が責任者に伝わらなければ、いくら素晴らしいＩＴツールを導入しても組織として効果的な責任のある対策はできません。ＰＤＣＡサイクルを土台として健康経営を実現するためにも、通常の仕事を円滑に進める社員のスキルアップや仕組みづくりと同じようなレベルでの対応が必要になります。

4-14項

最難関、リスクマネジメントとＰＤＣＡ

経営におけるリスクマネジメントほど難しいものはありません。目標が定まっているプロジェクトや通常業務などは、基本的に予測されていることを前提に遂行されますが、経営のリスクマネジメントは不確実なことに対して対策を考え実行する活動であり、難しさが倍増します。リスクマネジメントもマネジメント活動の一つであり、ＰＤＣＡサイクルに基づいて行う必要があるため、両者は密接な関係にあるといえます。

ここで、リスクと危機の違いについて説明しておきましょう。危機とは、今まさに起こっているピンチで、英語で言うとクライシス（Crisis）です。

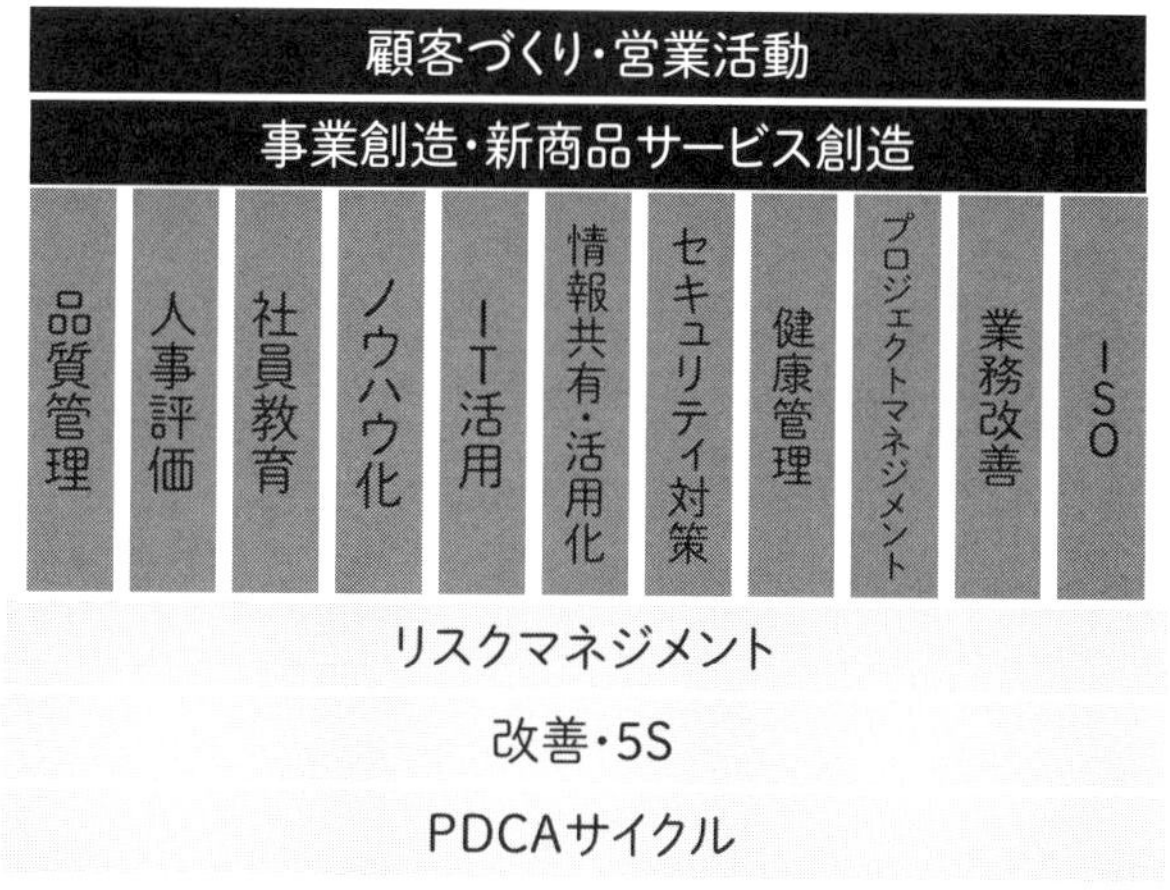

それに対してリスク（Risk）は日本語に当てはめると〝危険〟となり未来に起こるであろう危険という意味になります。

当社発刊の『ＩＴ活用時代のリスクマネジメント』から引用すると、

〝リスク〟とは、「悪い出来事」そのものや「悪い出来事」につながる可能性のある物事、そして悪い出来事から出てきた「悪い結果」を指して言う言葉である。もちろん、「悪い出来事」とは多種多様であり、戦争や天災から、うっかりミスまで、悪い出来事には際限がない。

とあります。これをもう少し分かりやすくするために、人間の病気にたとえてみましょう。

人間はできるだけ病気にならないように健康に留意して過ごします。未病、予防という考え方がこれに該当します。しかし、時として病気になってしまうものです。実際に病気になると、対症療法も駆使しながら、まずは治します。もちろん、根治治療が一番ですが、時間もかかりますし、ハードルも高くなるため、対症療法的であっても、まずは今の目の

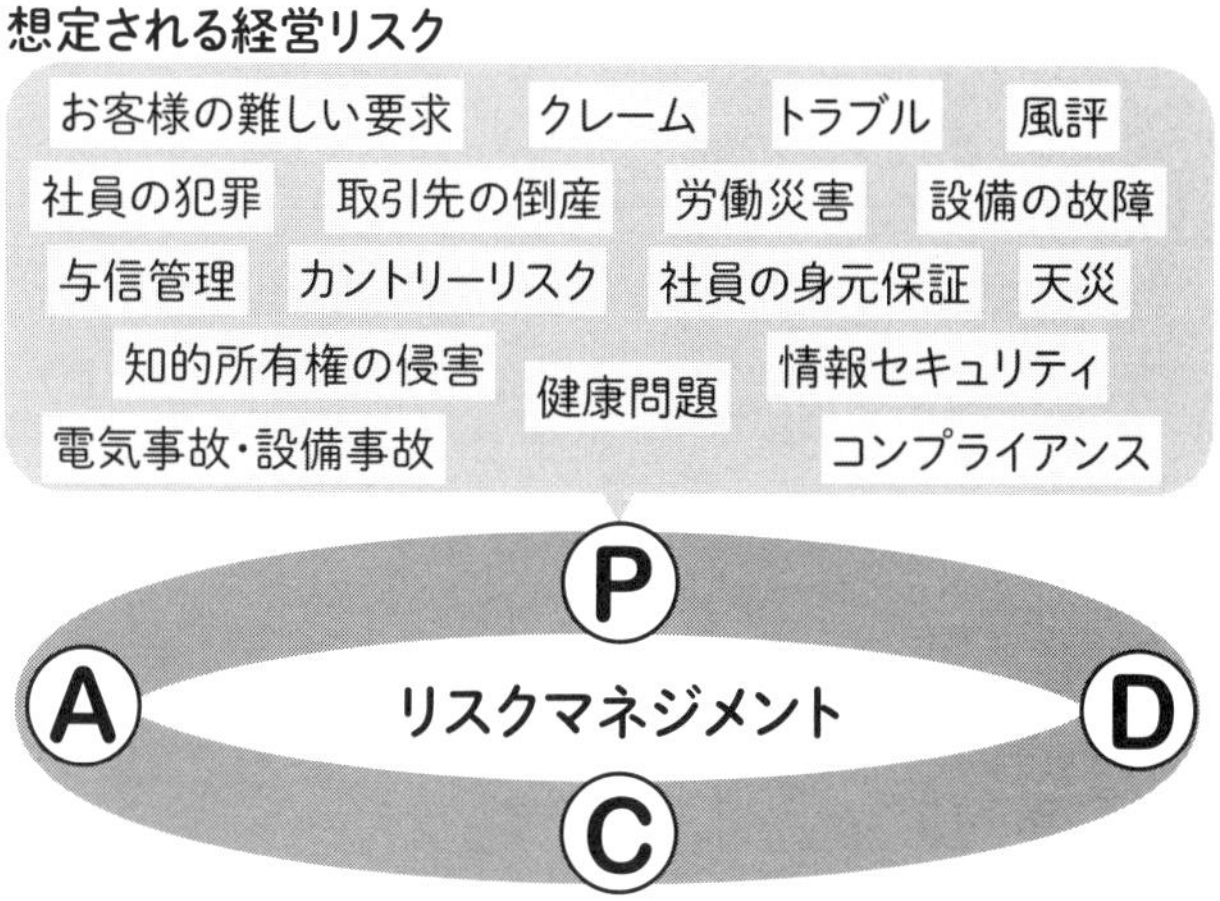

前の病気＝危機を克服することを優先します。これが危機管理です。

病気（＝危機）を経験すると、普段から健康にますます気を遣うようになります。危機が発生したら経験、ノウハウなどを蓄積し、次にくる危険の発生を回避することにつなげます。

未来に起こるであろう危険のことをリスクと意味づけるとすでに書きましたが、この一連の危険の回避のためのマネジメントサイクルをリスクマネジメントと呼びます。

リスクマネジメントを実施する際、まずは組織の現状を分析し、「リスクの洗い出し」を行うことです。どういったことがリスクになり得るのかを考え、書き出していきます。次にリスクのレベル分けをします。何から対処すべきか、また絶対に押さえなければいけないリスクは何かを可視化することで、正しいマネジメントシステムを構築できるのです。さらに個々のリスクに対するポリシーやガイドラインを策定します。ここで陥りがちなのが、文書化したことに満足して実行しないこと。ここまではあくまでPの状態でしかないのです。

Pの次は運用、Dのステップに入ります。運用のための社員教育やリスクマネジメントの意識を組織内に浸透させるには、継続して活動を行うことが求められます。1回だけの教育、周知では定着しません。先述の通り、PDCAで一番重要な工程はCのチェックです。リスクマネジメントの仕組みを作っても、それが正しく運用されているか、当初予定したリスクに対応できる状態で維持できているかをチェックしなければ、リスクマネジメントシステムの構築にはほど遠いのです。

例えば日本で個人情報保護法が施行された当時、外部コンサルティング会社に依頼し、社内ルールづくりに取り組んだ企業が多くありました。しかし、ルールの縛りに社員が疲弊し、さらにコストも増え、結果的に、導入した個人情報保護のためのルールの運用を中止したという企業もめずらしくありませんでした。

では、何が問題だったのでしょうか。それはルール導入後、運用方法が組織の規模や形態にあっているかなど、しっかりと組織に定着するまでチェックができていなかったのです。組織にあったルールへ変更し、改善すれば継続した運用が可能となります。リスクマネジメントとは、運用ルールを決めることではなく、正しく継続的に運用して「リスクをマネジメント」できなければ意味がないのです。

だからこそ、確実にＣでチェックを実行して、運用ルールやガイドラインなどの見直しでもある、Ａに行動を移し継続的な運用ができるようにしなければなりません。継続しないルールなどないのと同じです。要するに、リスクマネジメントシステムを構築し、運用するにはＰＤＣＡができる組織でなければいけないのです。

4-15項　ＩＴを有効に使って組織的Ｃ力の向上

現代においてＩＴ技術の発展、進化は目覚ましいものがあります。企業経営にとってもＩＴの活用は非常に有用であり、欠かせないものになっています。日本では経理や給与計算、販売管理などの基幹業務のＩＴ化は当たり前ですし、ＣＲＭ（Customer Relationship Management）など顧客対応の部門や生産管理、物流の部門でもＩＴ

が普及しています。最近ではテレワークも必然になってきました。ＥＣ（Electronic Commerce）と言われるインターネット通販の会社だけがＩＴを活用する時代ではなく、社会インフラでの導入から、あらゆる企業活動の場面においてＩＴが活用され、業務の効率化や品質向上、顧客満足度向上、ビジネスモデルを革新するなど、幅広く貢献しています。しかし、次から次へと登場するＩＴサービスやテクノロジーに振り回されないようにすることも重要です。

ＩＴはＰＤＣＡの実践にも有効に活用できます。例えば、ＴｏＤｏリストの管理ソフトやプロジェクト管理システムなど、一律に仕事に必要な項目をチェックするツールが多く提供されています。ＰＤＣＡのＰの段階から必要な情報を正しく入力していれば、あらかじめ登録したタイミングで、実行したかどうかをソフトウェアがリマインドしてくれる便利な機能もあります。しかし、そこで終わってしまってはＩＴを有効に活用しているとはいえません。ソフトウェアのチェックリストを確認し正しく進捗や実績を入力するのは当たり前として、現場の見える化を図りその情報を頼りにマネージャーや担当者がプロジェクトの問題や課題を発見することが重要です。進捗状況に問題がありスケジュールや予算の見直しが伴うような場合は、速やかに対策しソフトウェアに変更登録し直します。結局

ＩＴ活用といってもすべて自動化できる話ではないのです。重要なポイントではしかるべき人の介在が必要になります。そうしなければ、ＩＴ活用自体が最初のＰのみを頼りにした、誤ったＰＤＣＡサイクルを回すことを助長してしまうことになるからです。

最近では、人間が行っていた業務、特に事務などのルーティンワークをＲＰＡ（Robotic Process Automation）と呼ばれるソフトウェアで代替する企業が登場しています。そして今後もＲＰＡの導入が進んでいくことはまちがいないでしょう。こういう分野ではヒューマンエラーの低減も期待できます。

一方で、私たちはＩＴに依存してしまわないようにすることが重要です。入力したチェック

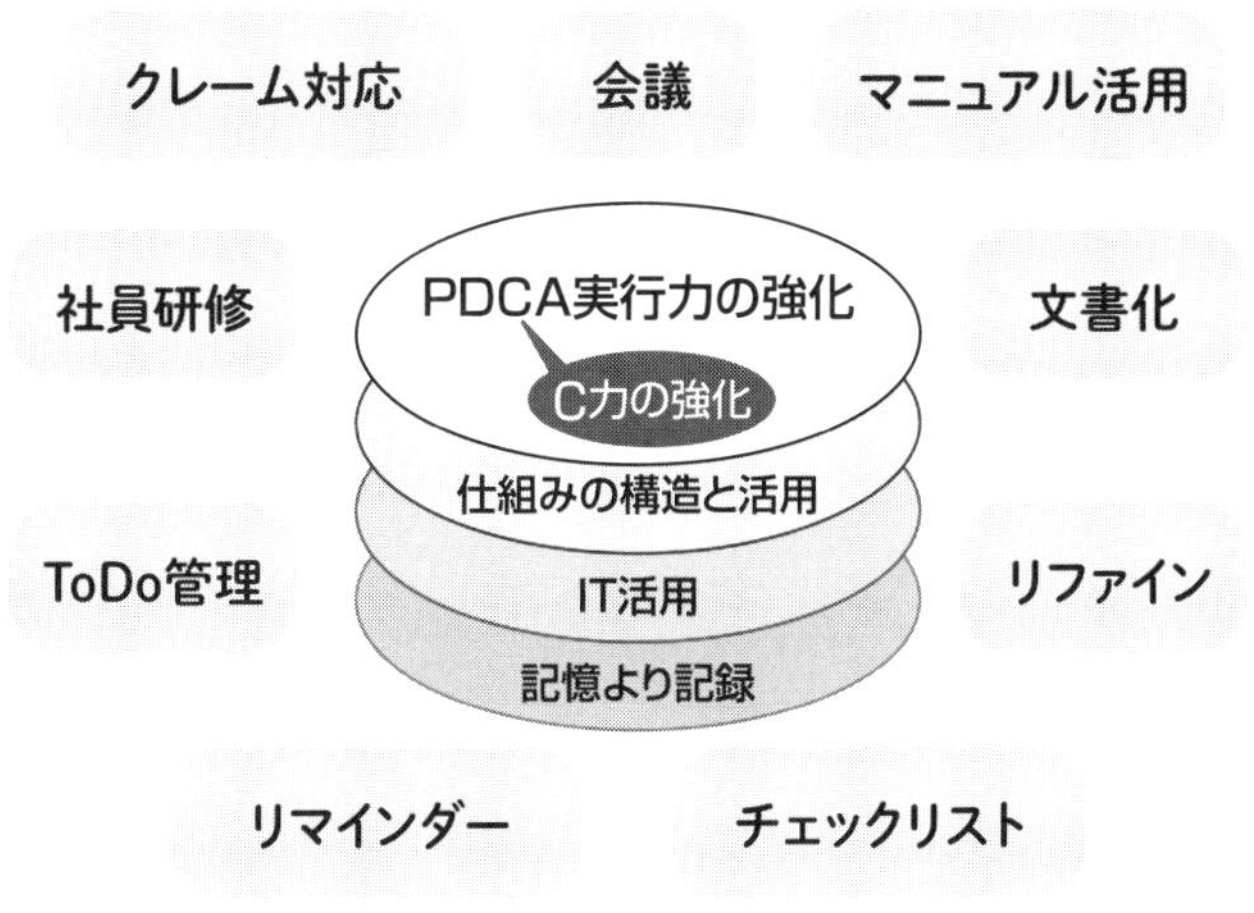

項目に対して、システム任せにしていると、注意深く対応しないと見えないような問題が発生していても気付かなくなります。先ほど紹介したリマインダーは、便利なツールですが、頼ってばかりいると仕事のC力が落ちてしまいます。

ＩＴ活用もバランスが大事です。マネージャーは日ごろから担当者とのコミュニケーションをしっかりとりながら、プロジェクトの状況をチェックするアナログの対応力も重要です。毎日のように未対応事項の警告メッセージに追われるようでは、とても本来の品質向上や予算のコントロールができているとはいえないでしょう。

とはいえ、ＰＤＣＡの現場において、一律に漏れなくチェックすることに優れたＩＴを活用しない手はありません。各組織活動において有用なＰＤＣＡ管理ツールを導入し、アナログとの両輪でＩＴを活用することは企業経営の付加価値向上へ貢献するものなのです。

4-16項 社長に依存しない組織づくり

企業においては、社長がラストパーソン（最終責任者）であり、最もチェックをしている役割を担っています。本来は経営にかかわる部分をチェックしていれば、会社が機能的かつ合理的に運営できます。そして各役員やマネージャーのもとで事業活動が推進されるのが理想でしょう。

しかし、掲示物の貼り方がゆがんでいたり、電気がつけっ放しであったり、店舗の商品が整理整頓されていなかったりということがあって、最初に気が付くのは誰でしょうか。それは社長です。なぜなら、顧客との関係に敏感であり続けるからであり、資金繰りを解決し利益を出すことのラストパーソンであるからです。

社長はラストパーソンとして、オフィスの美化から始まり、プロジェクトの状況、会社の売上利益、資金繰り、顧客との関係強化、アライアンスの実現など、実にさまざまなことを当たり前にチェックしているのです。何事にも社長はラストパーソンであるのです。

だからこそ、全社員が社長に依存することなく、ＰＤＣＡを担当業務ごとに遂行していくことが重要になってきます。社員の仕事がいつも遅延していたり、品質が悪かったり、報告がなかったりすると、上司やマネージャーの負荷になります。Ａマネージャーの負荷が増えると、Ａマネージャーの支援にＢ取締役が入り、Ｂ取締役の負荷が増えると、社長のチェックするべき内容が増えてしまうのです。上司やマネージャーが部下のサポートを

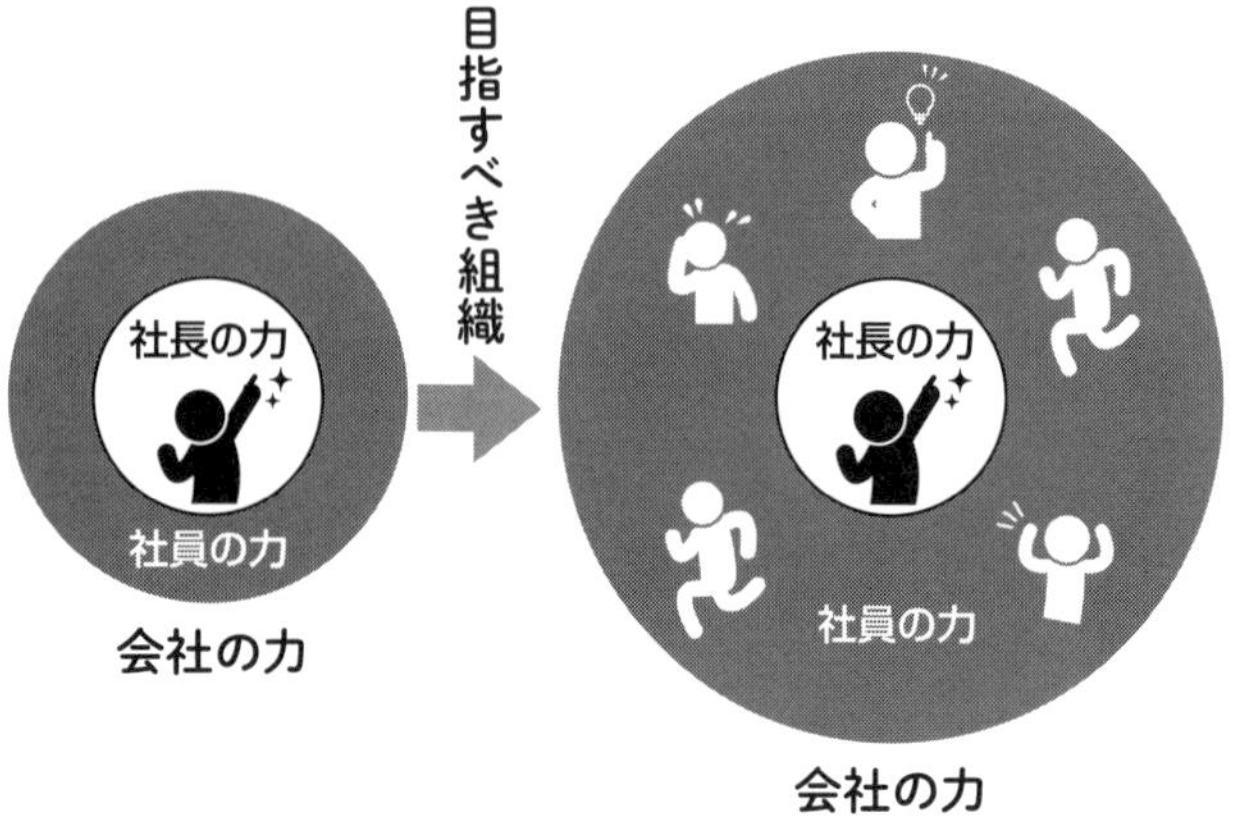

するのは当然と思うかもしれませんが、それが続くと組織は機能的に動くことができなくなります。部下ができないことをいつまでもマネージャーが肩代わりし、チェックをするのは困難です。マネージャーにはマネージャーの担当や役割があるのです。

一時的にトラブルなどで現場の支援や、指示をすることはあったとしても、本来社長は経営判断を行い、会社のかじ取りをする役割に専念するほうが会社は効率よく事業活動ができます。だからこそ、より社員一人ひとりがセルフチェックを徹底して行い、担当ごとにきちんとＰＤＣＡを実践する組織づくりが重要になるのです。

あとがき

私が創業してから26年が過ぎました。「企業経営について、一番難しいと感じた点は何か」との問いに対しては、「組織的な基本スキルのトレーニングと凡事徹底。それらを習慣化し、いつまでも継続すること」と即答します。言うなれば、ＰＤＣＡの組織的で継続的な実践です。当社においても、それぞれがＰＤＣＡを実践する難しさを感じながら、それでも取り組んで今日を迎えています。

本書についても、多数の社員が携わっての発刊となりました。この工程もＰＤＣＡを実践する機会となったことは言うまでもありません。

さて、ＰＤＣＡは永遠なる経営課題といえます。それはＰＤＣＡが経営力強化の必要条件であり、この強化というものが無限である特性上、常に進化が求められるからです。

そういう意味では、本書で何度も書きましたが、ＰＤＣＡは基本にすぎません。ＰＤＣＡを礎にして、会社独自の応用したＰＤＣＡの次なるものを生み出すことも重要でしょう。当社では現時点ではそれがＣＡＰＤであり、今後も進化したＰＤＣＡを生み出していく考えです。

本書を企画してから発刊までは数ヶ月の期間を要しましたが、この間に日本では新型コロナウイルス感染症（COVID―19）の拡大により、多くの人命が失われ、全国規模で移動自粛が求められる事態となりました。さらには世界各国でも深刻な影響を及ぼしており、以後の経済情勢に対する不安はとても大きなものがあります。企業経営に的を絞って書くと、まさしく経験したことのない危機管理の真っただ中といえます。危機管理は本文でも書きましたがリスクマネジメントの一環でもあります。

こうした局面において、PDCAをどう取り入れ、進化させていくべきなのか――さまざまな角度から現実を考察していく中、現時点で言及する必要性を感じているのは「PDCAをベースとした、変化に適応する組織力の創り方」です。


現況からも明白なことは、取り巻く経営環境が大きくかつ急速に変化を遂げているということです。日本においては、新型コロナ対策の緊急事態宣言によって企業は、半ば強制的に働き方を変化させなければならないフェーズとなりましたが、これに目を奪われ、他の変化を見過ごしてしまうようなことがあれば、それが企業経営のリスクに直結します。

企業経営も基本は備えあれば憂いなしです。

経営を脅かすリスクは、無数に存在します。それらを回避するためには、組織・個人の両面で「リスク察知力」（本書第3章参照）を鍛えなければなりません。また、大きなリスクだけを見るということも危険です。実は私たちの身の周りには、小さなリスクが溢れており、それらが知らぬ間に積み重なることで、気付いたときには企業に驚くべき大きな打撃を与える存在となります。

顧客の潜在クレームにどれだけ敏感であるか。部下の体調や業績の変化をいかに察知できるか。進行中のプロジェクトの中にトラブルの火種はないか。デスクの上に顧客情報のリストや名刺などが放置されていないか。これら微細なリスクをいかに察知できるかが、今後の経営を左右するといえるでしょう。

ここで注意したいのは、「察知する」という言葉のイメージに引っ張られることなく、「謙虚すぎることなく行動する」ということです。謙虚さを美徳とする考え方もありますが、経営や経営者自身の行動に過剰な謙虚さがあるならば、成長や経営力強化にかかわるリスク察知の感度が鈍ってしまうのです。前に出る、攻めるという姿勢こそリスクを鋭敏に察知し、環境に左右されず成長を遂げていくカギとなります。

企業における最大のリスクは「倒産」です。本書をお読みの皆様のうち、会社に勤める方が接するリスクは売上減、人材不足、強い競合他社の存在といったものかもしれません。しかしながら、あらゆる企業は倒産というリスクを抱えているのです。まして現況は、企業の倒産を報じるニュースを見ない日がなくなりました。これは企業規模も関係ありません。

業種にもよりますが、ごく自然に顧客が離れる割合は2割と言われています。昨今の移動自粛によって、顧客離れのスピードはさらに加速するといえます。このリスクを社員が認識していれば、おのずと日々の作業チェックや顧客対応にも力が入り、より確実に業務を遂行すると思うのです。

また、セキュリティ問題も経営リスクの一つです。顧客データの管理も、日常的にオフィスを整理整頓するところから始まります。先述した「割れ窓理論」に従うならば、小さなミスを見過ごすことが、大きなミスを招きます。経営者や経営幹部は、社内の小さな変化も見逃さず、チェックし続けることが肝要なのです。

もう1点として、記録することの大切さを本書では何度も書いています。現代はデジタル化の急速な進展によりあらゆるものが記録される時代が進行しています。一般の生活者では見えない記録もどんどん行われています。良いか悪いかは別の議論として、こういう記録の時代は経営環境の大きな変化とみるべきです。これからの経営はますます記録することが当たり前になるでしょう。私は、それを「記録の経営」と呼んでいます。詳しいことは、今後のテーマとして近いうちに発表する考えです。

最後に「学習する組織」という考え方について触れておきます。

ＭＩＴ（マサチューセッツ工科大学）のピーター・センゲ博士は、１９９０年に新たなチームワークのあり方の指針を示しました。「これからの組織は、一人の大戦略家の指示に従うのではなく、あらゆるレベルのスタッフの意欲と学習能力を活かす術を見いだす組織、すなわち、学習する組織であるべきだ」と提唱し、必要な５つのポイントを掲げました。それは次の通りです。

①システム思考

②自己マスタリー

③メンタルモデルの克服

④共有ビジョンの構築
⑤チーム学習

①について、チームにおいては自分が直接かかわる個別の事象だけでなく、全体の相互作用を理解すること、そのために知識を修得することが重要というものです。

②については、一人ひとりが習熟度を上げるための努力が組織の活力を生み、学習する組織の土台となるという考え方です。

③については、心の中にある固定観念を客観的に見直し、時代や環境の変化に応じて考え方を変えていくというものです。

④については、本物のビジョンがあれば、人々は学び、力を発揮するということです。指示されるからではなく、そうしたいと思うから人は行動するのです。

⑤については、現在に優れたチームが存在したとして、それは当初から優れていたのではなく、成果を生み出す術をチームが学習したというものです。

これは本書で解説したC力と多くの点で共通しています。チェックする力も、学習する組織も、個人が自律し能動的に取り組むこと、そして個人一人ひとりの努力が組織力の土台となり、チームとして、組織として効力を発揮するのです。

先に説明した通り、日々の事業活動は「繰り返しチェックする」ことに尽きます。経営戦略や事業戦略の実行、プロジェクト推進、品質管理、顧客対応、人事マネジメントなど、経営のあらゆる要素でＰＤＣＡを定着させられるかどうかは、個人と組織におけるＣ力がカギとなるのです。また、組織の至るところでチェックするということが根付いてこそ、ＰＤＣＡがようやく実践できます。つまりは、Ｃ力に基づいたＣＡＰＤの実践ができてこそ、ＰＤＣＡが実践できるようになるのです。

仕事の本質は、結果が重要なのは言うまでもないことですが、プロセスの質もそれと同等に重要です。「結果が良ければ、すべて良し」ではありません。もし仮に、プロセスに問題があったにもかかわらず、結果として成功を収めたというようなプロジェクトがあったならば、そのときこそ冷静に分析・レビューし、今後の対策を考えるべきでしょう。

末筆ながら、本書の発刊にあたって尽力いただいたすべての皆様に、厚く御礼を申し上げます。またＣＯＶＩＤ－19の１日も早い終息を心から祈念する次第です。今後も予測される経営環境の変化に対し、当社も本書の通り総力を挙げ、理想的なＰＤＣＡサイクルを回しながら、社会また世界に少しでも貢献できるよう事業に取り組んでまいる所存です。

２０２０年５月吉日

株式会社ブレインワークス　代表取締役　近藤　昇

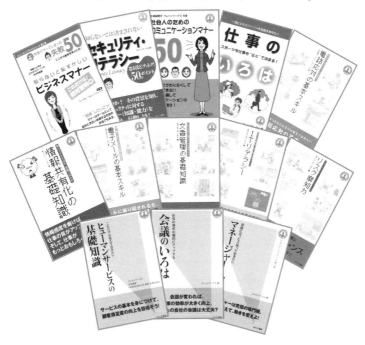

ヒューマンブランドシリーズ
ベトナム語版

先輩がやってしまった失敗 50 知らないと恥ずかしいビジネスマナー これだけは！ 絶対習得 編 / 知らないでは済まされないセキュリティ・リテラシー なるほど、ナットク！ 50 のポイント / これだけは覚えておきたい ヒューマンサービスの基礎知識 / 幹部になったら知っておきたい マネージャー入門

タイトル	先輩がやってしまった失敗 50 知らないと恥ずかしいビジネスマナー これだけは！ 絶対習得 編
著者	コーラル / ブレインワークス 共著
発刊日	2007 年 3 月
定価	1,000 円（税抜）ISBN 978-4-7782-0041-1

紹介

社会に出る、組織の一員になる——念願の会社に入った！　と思ったとたん、今たくさんのルールがあなたの目の前に立ちふさがり、戸惑っていませんか？　本書は、先輩たちが知らずしてやってしまった失敗例をもとに、ビジネスパーソンとしての「これだけは覚えてほしい！」礼儀作法の基本をまとめたものです。

タイトル	知らないでは済まされない セキュリティ・リテラシー なるほど、ナットク！ 50 のポイント
著者	ブレインワークス 著
発刊日	2007 年 6 月
定価	1,000 円（税抜）ISBN 978-4-7782-0049-7

紹介

インターネット、電子メール、書面のデータ化など、情報が手軽に扱える現代。セキュリティに対するリテラシー（知識・能力）はビジネスパーソンに欠かせないスキルとなりました。一つのセキュリティ事故が企業を崩壊させることもありえます。本書では、セキュリティ・リテラシーを高めるための心構えやヒヤリとする社内の小さな事件の数々などについて、事例をまじえて分かりやすく説明しています。

タイトル　**社会人のためのコミュニケーションマナー 50**

著者　牛島 留理子 / ブレインワークス 共著

発刊日　2008 年 2 月

定価　1,000 円（税抜）ISBN 978-4-7782-0060-2

紹介

コミュニケーションとは "慮る" こと。あなたはできていますか？
本書は、コミュニケーションスキルに加えて、『慮る力』を最重要視したものを“コミュニケーションマナー”と呼んでいます。会社での日常シーンをピックアップし、コミュニケーションマナーのあり方を分かりやすく解説しています。この本を読んで円滑なコミュニケーションを図ることができるビジネスパーソンを目指しましょう！

タイトル	仕事のいろは
著者	ブレインワークス 著
発刊日	2008 年 5 月
定価	1,000 円（税抜）ISBN 978-4-7782-0068-8

紹介

「仕事とは何か？」「仕事をしていくために不可欠なスキルは？」
社会人 1 年目の新入社員、20 代の若手社会人に捧げる、仕事の基本の説明書となる一冊。長い仕事人生を歩むために 20 代は基礎固めの重要な時期でもあります。その重要な 20 代の皆さんに、仕事の基礎を徹底的に伝授。 企業の研修、教育サービスの実績豊富な著者の経験をまじえて、分かりやすく仕事の基礎が学べます。

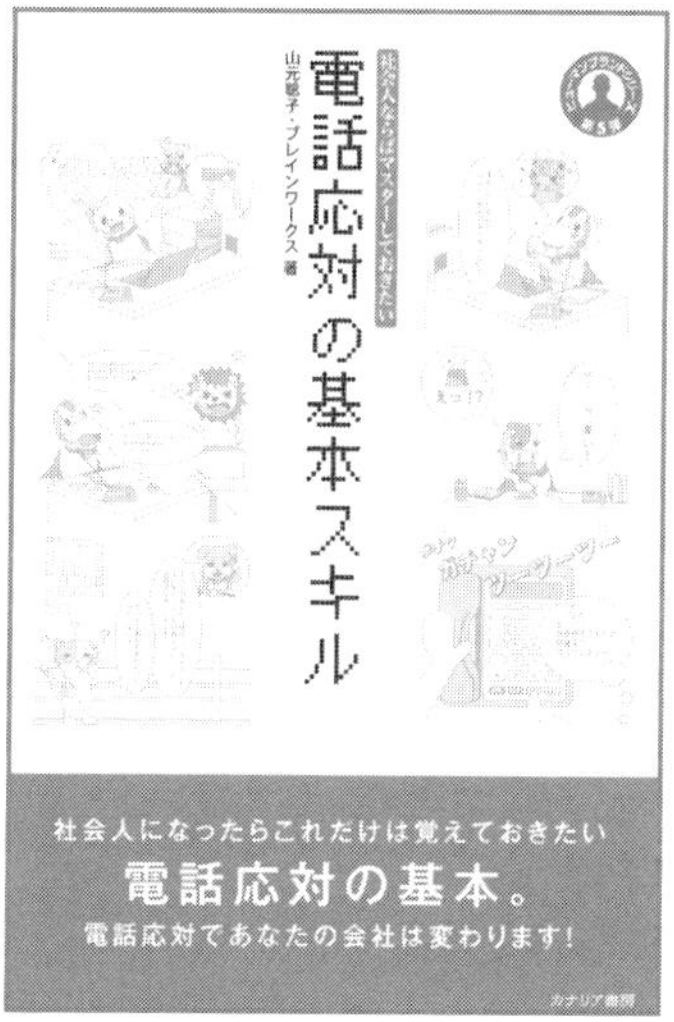

タイトル　**社会人ならばマスターしておきたい**
電話応対の基本スキル

著者　山元聡子 / ブレインワークス 著

発刊日　2008 年 8 月

定価　1,000 円（税抜）ISBN 978-4-7782-0077-0

紹介

会社での電話応対。あなたは、たかが電話とあなどっていませんか？電話応対は仕事の基本です。電話応対は相手の顔が見えないために、対応する人の印象の良し悪しによって会社のイメージを左右してしまいます。本書は、新入社員をはじめとしたビジネスパーソンのための電話応対の実務書。心構えから、実践編、そして、好感度を上げるコツなど分かりやすくまとめました。ビジネスの現場で役立つ情報が満載です。

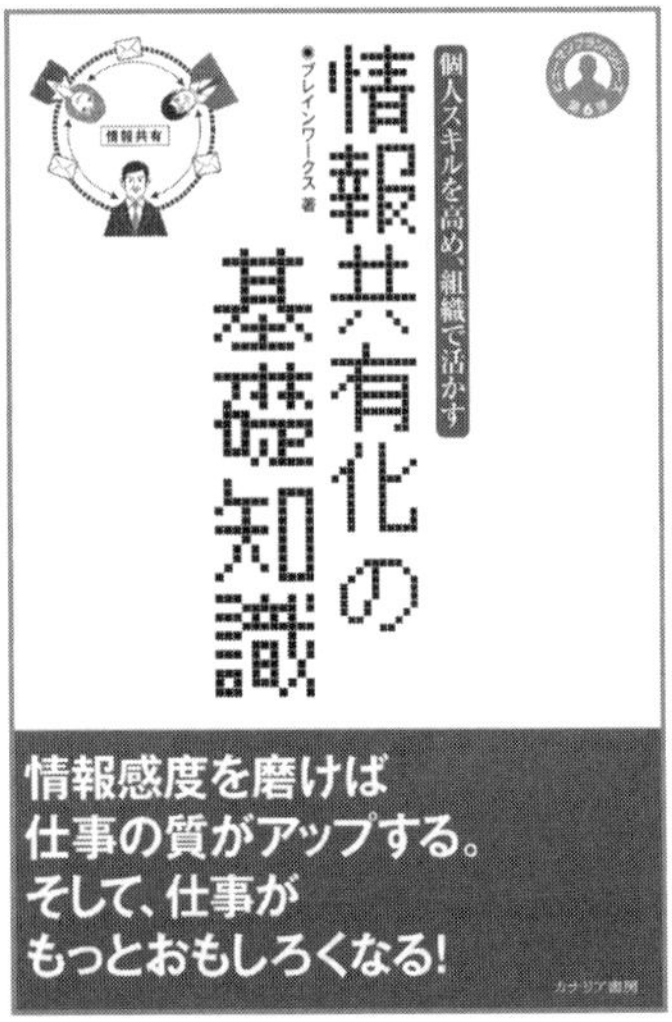

タイトル	個人スキルを高め、組織で活かす 情報共有化の基礎知識
著者	ブレインワークス 著
発刊日	2008 年 10 月 24 日
定価	1,000 円（税抜）ISBN 978-4-7782-0083-1

紹介

“情報”の扱い方は、できるビジネスパーソンとしての欠かせないスキルの一つとなっています。できるビジネスパーソンは、情報に敏感、貪欲です。そして、情報の扱い方に優れ、会社で必要な情報を活用することができます。そのためには、まず個人スキルの向上が重要です。その上で『情報感度の高い組織』が生まれます。本書では、情報感度の高いビジネスパーソンになるための基本スキルをはじめ、社内で情報共有化を行うためのポイントについて分かりやすく解説しています。

タイトル **賢く使いこなし、ビジネスの効率を高める**
電子メールの基本スキル

著者 ブレインワークス 著

発刊日 2009 年 1 月 30 日

定価 1,000 円（税抜）ISBN 978-4-7782-0092-3

紹介

ビジネスの必須ツールとなった電子メール。毎日膨大なメールをなんとなく送受信といった状態になっていませんか？　その使い方一つでビジネスの効率は大きく異なります。メールの書き方、送り方、セキュリティなど、ビジネス力アップに役立つ電子メール活用の基本スキルを紹介します。

タイトル　**仕事を円滑に進めるための基本スキル**
文書管理の基礎知識

著者　ブレインワークス 著

発刊日　2009 年 4 月 10 日

定価　1,000 円（税抜）ISBN 978-4-7782-0100-5

紹介

文書の扱い一つであなたの仕事が劇的に変わります。文書や資料の適切な管理は組織活動において非常に重要なことです。作って終わり、受け取って終わり、ではノウハウも蓄積されません。本書では＜基礎編＞＜組織編＞＜応用編＞に分けて間違いやすい文書管理の落とし穴 43 の実例を用い、文書管理の方法や重要性など失敗談をまじえながら分かりやすく紹介しています。

タイトル	ビジネスパーソンがマスターすべき必須要素 IT リテラシー
著者	ブレインワークス 著
発刊日	2009 年 6 月 5 日
定価	1,000 円（税抜）ISBN 978-4-7782-0098-5

紹介

できるビジネスパーソンは IT を上手に使いこなしています。IT はあくまでも仕事を効率よく進めるためのツール。企業経営を支える「人、モノ、金、情報」の「情報」を取り扱う最適のツール。IT リテラシーに対する誤解の解説、IT の応用などについて、失敗談をまじえた実例を用いて分かりやすく紹介しています。

タイトル	**ビジネスパーソンが身に付けておきたい** **リスク察知力**
著者	ブレインワークス 著
発刊日	2009 年 8 月 7 日
定価	1,000 円（税抜）ISBN 978-4-7782-0110-4

紹介

あなたはビジネスでのリスクに敏感ですか？　ヒヤリ・ハットを見つけ出すリスク察知の基本を押さえていますか？　トレーニングでリスクに対するセンサーもより高く広くすることができます。リスク察知力の重要性などについて、身近な失敗談をまじえた実例で分かりやすく紹介しています。

タイトル これだけは覚えておきたい
ヒューマンサービスの基礎知識

著者 ブレインワークス 編著

発刊日 2010 年 7 月 20 日

定価 1,000 円（税抜）ISBN 978-4-7782-0148-7

紹介

顧客満足度向上はどの企業にとっても欠かせない重要なテーマです。「顧客満足」「サービスの向上」などについて、本書ではやってしまいがちな失敗事例をもとに、丁寧に解説します。どうしてできないのか、何がお客様への信頼につながるのかを理解して、一歩先ゆくサービス力を身に付けましょう。

タイトル　**仕事の効率が劇的にアップする 会議のいろは**

著者　ブレインワークス 著

発刊日　2010 年 8 月 10 日

定価　1,000 円（税抜）ISBN 978-4-7782-0153-1

紹介

定例会議、企画会議、経営会議…会社では実にさまざまな会議が開催されています。しかし、いつも話が脱線してしまう 、欠席者がいる、誰も発言しないなどの問題を抱えている会社が多いのも事実。よくある会議の様子を例に、会議の質を向上させるためのメソッドを多数紹介します。あなたの会社の「会議」を変えましょう。

profile

監修　近藤 昇（こんどうのぼる）

1962 年徳島県生まれ。
ブレインワークスグループ CEO。
アジア起業家村推進機構　アジア経営戦略研究所　政策顧問四国研究センター長。
神戸大学工学部建築学科卒業。一級建築士、特種情報処理技術者の資格を有する。中小企業の経営のお助けマンを軸に、企業、官公庁自治体などの組織活動の支援を手掛ける。一方、アジアビジネスにも挑戦し、今はベトナムを中心として東南アジアビジネスに精通する。特に、新興国における事業創造、ビジネスイノベーション支援の実績は多数。現在、アフリカ、インドにおけるビジネス活動に取り組んでいる。日本の強みである信用ビジネスにフォーカスすること、をモットーに、日本の地方と新興国の地方をつなぐために日々活動している。代表的な著書に「もし波平が 77 歳だったら？」、「もし、自分の会社の社長が AI だったら？」（いずれもカナリアコミュニケーションズ刊）など多数。

近藤 昇　オフィシャルサイト
https://www.kondohnoboru.com/

著者　ブレインワークス

創業以来、中小企業を中心とした経営支援を手掛け、IT 活用支援、セキュリティ対策支援、業務改善支援、新興国進出支援、ブランディング支援など多様なサービスを提供する。IT 活用支援、セキュリティ対策支援などのセミナー開催も多数。とくに企業の変化適応型組織への変革を促す改善提案、社員教育に力を注いでいる。また、活動拠点のあるベトナムにおいては建設分野、農業分野、IT 分野などの事業を推進し、現地大手企業へのコンサルティングサービスも手掛ける。2016 年からはアジアのみならず、アフリカにおけるビジネス情報発信事業をスタート。アフリカ・ルワンダ共和国にも新たな拠点を設立している。

◀ ブレインワークスグループ
https://www.bwg.co.jp/

執筆責任者　近藤 誠二（こんどうせいじ）

1951 年名古屋市生まれ。名古屋大学工学研究科修士課程（電気電子工学専攻）修了。
1976 年東レ株式会社に入社し、非破壊検査システムや pH 制御システムの開発などに従事。その後、国内及び欧州の中堅工業計測器製造メーカにて、製品戦略や企業戦略の構築と実践に従事。その間、製品品質の継続的改善、コスト削減や業務改善分野において PDCA の実践的な取り組みにかかわる。2016 年より、株式会社ブレインワークスにて、新興国におけるビジネス展開並びに人材育成事業等にかかわる。現在、同社取締役。

執筆協力　橋本 弘則 / 玉置 哲也 / 近下 さくら / 梅里 尚子 / 窪田 光祐 / 中嶋 和雄 / 渡利 周司

経営はPDCAそのものである。

2020年7月5日〔初版第1刷発行〕

監　　修　近藤 昇
著　　者　ブレインワークス
発 行 人　佐々木 紀行
発 行 所　株式会社カナリアコミュニケーションズ
〒141-0031 東京都品川区西五反田6-2-7
ウエストサイド五反田ビル3F
TEL　03-5436-9701　　FAX　03-3491-9699
http://www.canaria-book.com
印 刷 所　株式会社クリード
DTP・装丁　株式会社バリューデザイン京都

ISBN978-4-7782-0469-3　C0034